Waldemar Berkusky

Platon's Theaitetos und dessen stellung in der Reihe seiner Dialoge

Waldemar Berkusky

Platon's Theaitetos und dessen stellung in der Reihe seiner Dialoge

ISBN/EAN: 9783742899354

Hergestellt in Europa, USA, Kanada, Australien, Japan

Cover: Foto ©Thomas Meinert / pixelio.de

Manufactured and distributed by brebook publishing software (www.brebook.com)

Waldemar Berkusky

Platon's Theaitetos und dessen stellung in der Reihe seiner Dialoge

Platon's Theaitetos
und dessen Stellung in der Reihe seiner Dialoge.

INAUGURAL-DISSERTATION

der philosophischen Facultät zu Jena

zur

Erlangung der Doctorwürde

vorgelegt

von

WALDEMAR BERKUSKY.
in Wittenberg.

Jena 1873.
Druck von W. Ratz.

Mag die Aufgabe, neben dem philosophischen Gehalte auch die künstlerische Form der Platonischen Schriften gehörig zu würdigen und aufzuzeigen, warum der Dichter-Philosoph diesen Dialog mit allem Schmucke einer dramatisch belebten Scenerie ausgestattet, in jenem ohne alle dichterische Zuthat einfach Frage und Antwort hat wechseln lassen, mag diese Aufgabe eine nicht leichte und noch durchaus nicht gelöste sein: in dem Dialog wenigstens, mit welchem sich die nachfolgende Untersuchung beschäftigen wird, im Theaitetos, liegt der Zweck der für die philosophische Untersuchung gewählten Einkleidung auf der Hand. Wenn in der das Hauptgespräch einleitenden Unterredung zwischen Eukleides und Terpsion (142 A — 143 C) der Erstere versichert, er habe das im Folgenden wiedergegebene Gespräch zwischen Sokrates, Theodoros und Theaitetos, sobald er es von Sokrates gehört, niedergeschrieben und durch wiederholtes Nachfragen und Verbessern seine Schrift so wahrheitsgetreu wie irgend möglich gemacht, und wenn er nun weiter dies in Rede stehende Gespräch nicht aus dem Gedächtnisse wiederholt, sondern vorlesen lässt, so erkennen wir darin die Absicht des Schriftstellers, seiner freien Dichtung den Schein historischer Treue und den Reiz der Wahrheit zu verleihen. Diese Absicht liegt so nahe und hat so viele Schriftsteller zu ähnlichem Verfahren veranlasst — ich erinnere nur an Cicero's philosophische Schriften, an Augustin's *contra Academicos* —, dass in der That keine Veranlassung vorliegt, sich mit Steinhart

(Platon's sämmtliche Werke, übersetzt v. Hieron. Müller, mit Einleitungen begleitet von K. Steinhart) und Susemihl (die genetische Entwicklung der Platonischen Philosophie) in Hypothesen über das Motiv dieser Einkleidung zu ergehen. Wenn der Erstere meint, Platon habe dadurch auf die gegen ihn erhobene Anklage geantwortet, er erzähle theils gar nicht gehaltene Gespräche, theils fälsche er die Reden seines Lehrers durch eigene Erfindungen, so ist zu erwidern, dass zur Zurückweisung eines solchen Vorwurfs nichts unzweckmässiger gewesen wäre, als eine Schrift, in welcher Platon — wie Steinhart selbst sagt — von seiner künstlerischen Freiheit der Umdichtung wirklich gehaltener Gespräche einen sehr weiten Gebrauch gemacht hat. Gegen so thörichte Vorwürfe sich zu vertheidigen, würde Platon für Zeitverschwendung gehalten haben. Susemihl's Bemerkung aber, die von Platon gewählte Form der Wiedererzählung und die wiederholte Versicherung der Treue des Berichts solle andeuten, dass das in der Untersuchung vorliegende Hinausgehen über den Standpunct des Sokrates doch nur „ein Hineingehen in dessen Tiefe, eine Entfaltung seiner verborgenen Bildungskeime" sei, diese Bemerkung scheint mir aus der bei jenem Erklärer des Platon oft zu Tage tretenden Neigung geflossen zu sein, allerlei in Platon hineinzugeheimnissen. Wir lassen uns daher an jenem vorher angegebenen Motive der Einkleidung genügen und gehen, indem wir die Besprechung der historischen, für die Abfassungszeit unseres Dialogs wichtigen Andeutungen, welche das vorbereitende Gespräch zwischen Eukleides und Terpsion enthält, auf einen späteren Ort versparen, zu der Betrachtung der Hauptunterredung über.

Die Einleitung derselben (143 D — 151 D) macht uns zunächst mit der Veranlassung des Gesprächs und den in ihm auftretenden Personen bekannt und führt dann von den einzelnen Wissenschaften, welche Theaitetos bei Theodoros zu lernen behauptet, zur Aufstellung des Thema's unseres Dialogs, zu der Frage: „was das Wissen sei"; um den Begriff des Wissens oder Erkennens handelt es sich. Nachdem Theaitetos zuerst statt dieses von ihm verlangten Begriffs einzelne sogenannte Kenntnisse und Fertigkeiten genannt hat, also, selbst vorausgesetzt, dass diese unter den Begriff des Wissens fallen, in den Umfang des Begriffs hinabgestiegen ist, womit über den Inhalt desselben noch nichts gesagt ist, erkennt er auf Sokrates' Zurechtweisung sofort seinen Fehler und zeigt an einem Beispiele aus der Mathematik (nämlich an der von ihm und dem jüngern Socrates versuchte Zurückführung aller Quadratwurzeln auf rationale und irrationale), dass er wohl wisse: Begriff sei „die Zusammenfassung mehrerer einzelner Dinge zu einer Einheit" (147 D). Dem Geständnisse, dass bei der Erkenntniss dies jeder einzelnen Erscheinungsform zu Grunde liegende Wesen, welches im Begriffe seinen Ausdruck finde, ungleich schwieriger zu finden sei, begegnet Sokrates durch eine Schilderung der Art und Weise, wie er dem Mitunterredner zu dem gesuchten Wissen zu verhelfen hoffe, nämlich durch eine Art ihm von dem Gotte (Apollon) verliehener Entbindungskunst, durch welche er seiner Mutter, der Hebamme Phänarete, gleiche. Diese geistige Maieutik, vermöge deren Sokrates aus den überhaupt für philosophische Forschungen Beanlagten das gesuchte Wissen zu Tage fördert, setzt voraus, dass in den zu Entbindenden der Keim der erstrebten Erkenntniss schon vorhanden ist; nicht von aussen neu hineingebracht soll diese Erkenntniss werden, sondern nur entwickelt aus schon daseienden Elementen. Ja das Wissen ist überhaupt nicht erreichbar, wenn nicht das Suchen danach hervorgeht aus dem zum Lichte strebenden Keime desselben; mit solchen, die sich zwar schwanger glauben, aber es in Wahrheit nicht sind, kann Sokrates nichts anfangen; er verweist sie an andere „weise und gottbegabte" Lehrer, z. B. an den berühmten Sophisten Prodikos, welcher also sammt seinen Genossen — das liegt deutlich in Sokrates', wenn auch scheinbar sehr ehrerbietigen Worten — mit dem wahren Wissen es nicht zu thun hat; die Fertigkeiten, welche jene lehren, entstehen ja nicht so in den Schülern, wie das Wissen allein entstehen kann, sie liegen also ausserhalb des Begriffes der ἐπιστήμη. Dass es aber ein wahres Wissen giebt, das wird durch die Schilderung der oft schon von Erfolg begleiteten (150 D) philosophischen Lehrmethode ausser Zweifel gestellt; auch über die Natur desselben werden schon die wichtigsten Andeutungen gegeben. Vermag Socrates nur den mit der Erkenntniss schon Schwangeren zur Erkenntniss zu verhelfen, so ergiebt sich, dass die Erkenntniss überhaupt nicht auf dem Gebiete gesucht werden darf, auf welchem sich die ganze folgende Untersuchung bewegt, auf dem der Sinnenwelt, welche ja zu ihrer Erfassung nicht eines schon im Menschen vorhandenen Keimes der Kenntniss bedarf; unmittelbar, αὐτοὶ παῤ αὑτῶν (150 C) entdecken die philosophisch Beanlagten die Wahrheit wenn nur der Lehrer es versteht, den im Geiste schon ruhenden Besitz lebendig zu machen und zur Aneignung zu bringen. Auch Socrates selbst kann sich durch das ἄγονος σοφίας, welches er von sich aussagt (150 C), nicht diesen schlummernden Besitz der Wahrheit und die Fähigkeit, durch ihn zum klar bewussten Wissen zu gelangen, absprechen wollen. Das zeigt die ausdrückliche Hinweisung darauf, dass nur diejenigen zu Geburtshelferinnen geeignet seien, welche selbst im Gebären nicht unerfahren seien (149 B), ein Zug im Bilde, welchen hervorzuheben gar keine Veranlassung gewesen wäre wenn er nicht des Socrates' eigenes Verhältniss zum Wissen deuten sollte. Das ἄγονος σοφίας ist demnach auf seine Lehrmethode zu beziehen, welche im Gegensatze gegen die sophistische nicht damit etwas gethan zu haben meint, dass sie fertige Resultate mechanisch in die Schüler hineinpfropft; und auch wohl das Weitere liegt noch in dem Ausdrucke, dass auch er, Socrates, nur vermittelst der von ihm an den Schülern geübten geistigen Geburtshülfe zum Wissen gelangt.

Die nun folgende Untersuchung über den Begriff des Wissens, welche durch die drei von Theaitetos aufgestellten Definitionen so deutlich in drei Theile getheilt wird, dass über diese Hauptgliederung unseres Dialogs kein Zweifel sein kann, beschäftigt sich im

I. Theile (151 D — 187 B) mit derzuerst von Theaitetos gegebenen Definition: ἡ αἴσθησις ἐπιστήμη; die sinnliche Empfindung, welche ja in der That die nothwendige Bedingung ist, uns zum Bewusstsein ausser uns befindlicher Dinge zu verhelfen, sie ist es nach dieser Definition allein, welche uns Aufschluss über die Dinge giebt. Aber mit diesem Aufschluss ist es übel bestellt. Denn diese Ansicht vom Wesen des Wissens — so wird in dem I. Abschnitte (151 E — 161 B) entwickelt — fällt zusammen mit dem Satze des Protagoras: „Aller Dinge Maass ist der Mensch, der seienden, wie sie sind, der nicht seienden, wie sie nicht sind;" wie sich dem Einzelnen je nach seiner individuellen Empfindung die Dinge darstellen, so sind sie; und da nun die Sinne des Einen, wie die Erfahrung zeigt, durch dieselben Gegenstände oft ganz anders afficirt werden, wie die des Andern, so ergiebt sich, dass es überhaupt keine objective Wahrheit, kein allgemein gültiges Wissen giebt, sondern nur subjective Erscheinung: φαντασία καὶ αἴσθησις ταὐτόν (150 D — 152 B). Auch ist sich Protagoras wohl bewusst, dass mit jenem Grundsatze seiner Erkenntnisstheorie ein allgemein gültiges Wissen von der Natur der Dinge nicht zusammen bestehen könne; die verschwiegene (152 C) Voraussetzung seines Satzes ist ja die mit der besonders von Herakleitos vertretenen Bewegungslehre in Uebereinstimmung stehende Ansicht, dass nichts an sich ist, nichts eine bestimmte Qualität hat, sondern immer erst durch die Beziehung zu einem Andern etwas wird, wodurch den Dingen alles feste, unveränderliche Sein abgesprochen wird, so dass von einem objectiven Wissen ihnen gegenüber nicht mehr die Rede sein kann. Wird zur Bestätigung dieser der Protagoreischen Erkenntnisstheorie zu Grunde liegenden Lehre, dass keinem Dinge eine beziehungslos vorhandene Qualität zukomme, geltend gemacht, dass ja durch Bewegung alle Dinge erhalten werden, durch Ruhe untergehen, so ist dieser „nicht genug ausgeführte Satz" dahin zu vollenden, dass unter solchen Umständen nichts als dasselbe erhalten wird; es ist nicht möglich, dass etwas dasselbe bleibe, denn durch Ruhe, durch welche dies allein möglich wäre, wird Alles zerstört. Denn so glaube ich (mit Schleiermacher: Platons Werke II 1. S. 501) diese Stelle nach dem Zusammenhange verstehen zu müssen, nicht wie Steinbart, Susemihl, Bonitz (Platonische Studien, Wien 1858 — 60) wollen, als Begründung der Herakleitischen Lehre von dem Flusse aller Dinge überhaupt durch Thatsachen der gewöhnlichen Erfahrung; hier (von 152 C—155 C) handelt es sich nur um die Behauptung, dass kein An-sich-sein eines Dinges anzunehmen sei; die Herakleitische Bewegungslehre und die Protagoreische Fortbildung derselben kommt erst von 156 A an zur Sprache. Bei der richtigen Fassung schwindet der Schein der Verwirrung, welche wir sonst der Ausführung Platons vorwerfen müssten, eine Verwirrung, welche recht deutlich in Susemihls Inhaltsangabe dieses Abschnittes (a. a. O. I, 184 f.) zu Tage tritt.— Für die Nothwendigkeit, jede an sich seiende Qualität in den Dingen zu leugnen, wird neben der Verschiedenartigkeit der sinnlichen Eindrücke, welche dieselben Dinge bei verschiedenen Menschen oder zu verschiedenen Zeiten erregen, auch besonders das geltend gemacht, dass 6 Würfel mit 4 Würfeln verglichen mehr, aber mit 12 Würfeln verglichen weniger, also zugleich grösser und kleiner seien, ohne doch selbst durch Zuwachs oder Abnahme eine Veränderung erlitten zu haben, eine Thatsache, durch welche die drei Grundsätze, welche bei der Voraussetzung einer an sich in dem Subjecte oder Objecte vorhandenen Qualität gültig sind, dass nämlich 1) nichts, so lange es sich selbst gleich ist, grösser oder kleiner werden könne, dass 2) nur durch Zuwachs oder Abnahme etwas grösser oder kleiner werden könne, dass endlich 3) nichts etwas später sein könne, was es früher nicht war, ohne es geworden zu sein, durch welche also diese 3

Grundsätze als falsch, mithin jene Voraussetzung selbst als nichtig erwiesen wird. Dass Platon den Protagoras gerade so seine Lehre verfechten lässt, beruht auf jener Identificirung der Formen unseres Denkens mit den Existenzformen der Dinge selbst, von welcher sich die alte Philosophie nicht losreissen konnte. Sie vermochte nicht zu unterscheiden „zwischen Dingen, welche, sind und Wahrheiten, welche gelten;" alle Verbindungen, welche wir den Gesetzen des Denkens gemäss zwischen unseren Vorstellungen knüpfen, glaubte sie unmittelbar auf die Dinge selbst übertragen zu dürfen. So sah sie denn auch, wenn A grösser ist als B und kleiner als C, diese Beziehungseigenschaften, welche dem A doch nur in unserm Denken, bei seiner Vergleichung mit B und C, als Ausdrücke seiner stets sich selbst gleichen Grösse zukommen, als in A in Wirklichkeit vorhandene Merkmale an und nahm Anstoss daran, dass A zugleich ein Grösseres und Kleineres sei, ein Anstoss, über welchen auch Platon nicht hinweggekommen ist, wie ein späterer Ort dieser Untersuchung zu zeigen haben wird.

Nachdem so auf die Widersprüche aufmerksam gemacht ist, in welche sich die gewöhnliche Ansicht verwickelt, welche den Objecten bestimmte, für alle Subjecte gleichmässig vorhandene Qualitäten zuschreibt, wird die Protagoreische Ansicht von der absoluten Relativität aller Erkenntnissobjecte auf ein geschlossenes philosophisches System zurückgeführt, auf das des Herakleitos, und wird die auf diesem System ruhende Theorie des Protagoras von der Wahrnehmung entwickelt (156 A — 161 B), nachdem vorher diejenigen als ganz roh einfach abgewiesen sind, „welche nur das für seiend halten, was sie mit den Händen greifen können." Dass hiermit — wenigstens vorzugsweise — die Atomisten gemeint sind, die ja unter Platon's Vorgängern den Gedanken einer rein mechanischen Naturerklärung am strengsten durchgeführt haben, scheint mir aus der Vergleichung von Soph. 246 A hervorzugehen. (Wie Zeller [die Philosophie der Griechen II, 206 Anm. 4] unsere

Stelle auf Antisthenes beziehen kann, dem doch gewiss nicht Materialismus Schuld gegeben werden konnte, ist mir unverständlich). Dass die Herakleitische Weltanschauung von Platon so entschieden über den Materialismus erhoben wird, obwohl doch auch Herakleitos von unkörperlichen Wesen nichts wusste, auch er selbst die Seele aus einem Stoffe, wenn auch aus dem feinsten, bestehen liess, beweisst, wie richtig Platon erkannte, dass die dynamische Ansicht von der Natur bei Herakleitos schon ein Uebergang zu einer geistigen Weltanschauung ist; die Alles durchwaltende und bewegende Naturkraft des Herakleitos gehört schon dem Gebiete des Unkörperlichen und Uebersinnlichen an.

Die Folgerungen nun, welche sich aus der Herakleitischen Ansicht, dass nur Bewegung und Werden sei keine Ruhe und kein Sein, für den in Rede stehenden Gegenstand, für die Entstehung und Beschaffenheit der Wahrnehmungen ergeben, werden im Folgenden ausführlich entwickelt. Danach ist die Wahrnehmung das Resultat des Zusammentreffens der von dem Objecte ausgehenden, thätigen und der indem Subjecte dadurch hervorgerufenen, leidenden Bewegung, der Punkt in welchem die Action des Objects und die Reaction des Subjects sich begegnen. Erst durch ihr Thun oder ihr Leiden, welche den Dingen ebenfalls nicht an sich zukommen — dasselbe kann im Verhältniss zu dem Einen ein Wirkendes, im Verhältniss zu dem Andern ein Leidendes sein — erhalten die Dinge ihre Eigenschaften, welche für jeden Empfindenden oder Wahrnehmenden verschieden sein müssen je nach seiner eigenen Beschaffenheit, als welche ja die Wahrnehmung mitbedingt; für jeden aber muss seine Wahrnehmung wahr sein. Der Einwand, dass doch die Wahrnehmungen der Träumenden, Kranken, Wahnsinnigen unmöglich wahr genannt werden können, wird zurückgewiesen durch die (die Bezeichnung der Sinnlosigkeit, welche ihr Steinhart a. a. O. S. 51 giebt, keineswegs verdienende, sondern ganz consequente) Entgegnung, dass der

Wahrnehmende, welcher in einem der genannten Zustände ist, eben ein ganz anderer ist, als der in wachem, gesundem Zustande sich befindende, so dass auch seine Wahrnehmung, seine Zusammentreffen mit den Objecten ein ganz anderes Resultat haben muss; aber dass seine Wahrnehmung nicht wahr sei, das könne nur von der falschen Voraussetzung aus behauptet werden, als wäre irgend ein Ding etwas an sich. Von der richtigen Erkenntniss der absoluten Relativität aller Erkenntnissobjecte aus ergebe sich die Wahrheit auch der genannten Wahrnehmungen, denn „auch sie gehören dem jedesmaligen Sein des Betreffenden an." (160 C).

Es erhebt sich hier die Frage, ob die entwickelte Theorie von der Wahrnehmung nur dem Protagoras, oder auch dem Herakleitos angehöre. Denn die Differenz zwischen beiden, dass Herakleitos nicht auf die Wahrnehmung das philosophische Wissen gründen wollte, sondern auf die Vernunfterkenntniss, diese Differenz berührt die dargestellte Theorie von der Wahrnehmung nicht; sie kann sich Herakleitos auf ähnliche Weise erklärt haben. Auch stimmt der Grundgedanke der hier vorgetragenen Theorie mit der Lehre des Herakleitos von der παλιντροπία so wohl zusammen, dass wir Grund haben, ihn schon dem Herakleitos selbst zuzuschreiben, wenn auch die genauere Ausbildung der Theorie erst den späteren Herakleiteern und die Hervorhebung der skeptischen Consequenzen besonders dem Protagoras angehört. Und in der That, nicht unwürdig ist diese Theorie des tiefsinnigen Ephesiers; giebt sie doch schon überraschend richtige Aufschlüsse über die Natur von Vorgängen, welche der exacten Forschung noch gänzlich verschlossen waren. Dass Alles, was die materiellen Objecte der Aussenwelt leisten können, um uns zur Wahrnehmung zu veranlassen, nur in Bewegungen von mannigfach verschiedener Form, Intensität, Rythmus besteht, dass in diesen äusseren Reizen noch nichts von der sinnlichen Qualität der Empfindungen vorhanden ist, zu deren Erzeugung sie die Sinne veranlassen: diese Ergebnisse der neueren Wissenschaft sehen wir hier schon geahnt. Ueber den letzten Punct freilich herrscht in Platons Worten Unklarheit. Platon spricht (156 D) von der „Weisse, die von dem die Farbe mit erzeugenden Gegenstande sich bewegend mit der vom Auge herkommenden Sehkraft (ὄψις) zusammentreffe"; aber Zeller bemerkt (a. a. O. I. 758 Anm. 2.) mit Recht, dass dies zu der vorher entwickelten Theorie von der Wahrnehmung nicht recht passe. Heisst es doch unmittelbar vorher, dass das Zusammentreffen des dem Auge angemessenen (auf das Auge zu wirken geeigneten) Gegenstandes und des Auges die Weisse erst erzeuge und 153 E, dass die Farbe nichts Besonderes ausser dem Auge sein könne, sondern sie sei entstanden aus dem Zusammenstossen des Auges mit der geeigneten Bewegung. Die Unklarheit würde gehoben sein, wenn es erlaubt wäre, mit Nägelsbach *(explicationes et emendationes Platonicae)* πρός in der Bedeutung *ad, versus* zu nehmen und zu übersetzen: „indem die Sehkraft an die Augen, die Weisse an den die Farbe mit erzeugenden Gegenstand herangebracht wird," so dass Sehkraft und Farbe von dem Auge und dem dasselbe afficirenden Gegenstande hervorgebracht würden. Doch abgesehen von der grammatischen Schwierigkeit dieser Erklärung nöthigen allerdings die entsprechenden Stellen 159 D und 182 A, auch hier πρός in der Bedeutung „von her" zu fassen und anzunehmen, die Meinung sei die, dass die Sehkraft im Auge, die Farbe in dem sichtbaren Gegenstande latent seien und durch die zwischen Auge und Gegenstand eintretende Berührung geweckt werden. Dann bleibt freilich die Inconsequenz, dass Protagoras die Qualität, welche er nur durch die Beziehung des Dinges auf das Subject will zu Stande kommen lassen, doch wieder in das Ding verlegt, in ihm ruhen lässt, auch ehe es mit dem Subjecte in Verhältniss getreten ist.

Dass nach dieser Darlegung der Protagoreischen Theorie von der Wahrnehmung ein neuer Abschnitt beginnt, nämlich die Kritik dieser Lehre von der absoluten Subjectivität aller Erkenntniss, eingeleitet durch den vorbereitenden **zweiten Abschnitt** (161 B — 169 D), in welchem mehrere Einwürfe gegen sie aufgestellt werden, die aber Sokrates selbst schliesslich als nicht durchschlagend bezeichnet: dass ist allerdings so klar in unserm Dialoge selbst angedeutet, dass Bonitz a. a. O. nicht Unrecht hat, gegen die abweichende Gliederung von Steinhart und Susemihl, welche sich bemühen, auch in jedem der 3 Haupttheile dasselbe Gesetz der Dreitheiligkeit, welches dem ganzen Dialog zu Grunde liegt, wiederzufinden, den Vorwurf der Willkühr und Künstelei zu erheben. Mit der Bemerkung (160 D) dass nun endlich dass Kind, mit welchen Theaitetos schwanger ging, scheine aus Licht gebracht zu sein und dass nun zu prüfen sei, ob es eine Fehlgeburt sei oder ob des Aufziehens werth, werden offenbar die voraufgehenden Erörterungen abgeschlossen, und die nun dem Socrates obliegende Kritik angekündigt. Auch das ist Bonitz nicht zu bestreiten, dass auf den von Socrates zuerst erhobenen Einwendungen in der Bekämpfung der gegnerischen Ansicht nicht das Hauptgewicht ruhen kann, wie Steinhard will mit Hintenansetzung der ausdrücklichen Erklärung Platons, dass Protagoras selbst sich von solchen Einwürfen nicht würde schlagen lassen. Die in derselben Richtung sich bewegende Vertheidigungsrede des Protagoras (166 A — 168 C) ist daher als Abschluss dieses Abschnittes zu betrachten, nicht als Anfang eines neuen, welcher die „weitergreifenden Bestimmungen der Protagoreischen Lehre" (Susemihl a. a. O. S. 186), „die Consequenzen, die sich aus ihr für die Ethik und Politik ergeben" (Steinhart a. a. O. S. 56) entwickeln soll. Freilich ist damit noch nicht gesagt, dass Platon selbst die in dem die durchschlagende Widerlegung einleitenden Abschnitte geltend gemachten Gründe für werthlos gehalten habe. Nur gegen den Standpunct eines Protagoras reichen sie nicht aus, in Platons eignem System aber werden sie ihre bedeutende Stelle gehabt haben, sonst liesse sich der Nachdruck und die Ausführlichkeit, mit mit welcher er sie darstellt, nicht erklären. Der erste von ihnen, dass die Ansicht der Protagoras jeden Unterschied zwischen Thier und Mensch aufhebe, da ja nach ihr jedes wahrnehmende Wesen mit demselben Rechte als der Mensch das Mass aller Dinge seien könne, ist eine Appellation an das unmittelbare Bewusstsein des Mitunterredners, deren Wirkung Platon nach seiner eignen Lehre von der Natur des Menschen gewiss ist, die aber auf Protagoras keinen Eindruck machen kann. Er weist diese Berufung auf das dem Menschen innewohnende Verlangen, dem Strome der Vergänglichkeit enthoben und im Besitze einer unveränderlichen, übersinnlichen Wahrheit zu sein, zurück als zwar auf die in Vorurtheilen befangene grosse Menge Eindruck machend, aber alles wissenschaftlichen Werthes entbehrend. Dies Verlangen kann er nicht als berechtigt anerkennen, doch schon das Vorhandensein desselben liess sich von seinen Standpuncte aus nicht erklären. Eben so wird zwar der zweite Einwand, dass wir die Worte und Buchstaben einer fremden Sprache nicht verstehen, wenn wir sie auch hören, so dass also Wahrnehmen und Erkennen in diesem Falle auseinander fallen, von Theaitetos mit der Bemerkung zurückgewiesen, dass wir so viel davon verstehen, als Sache der Wahrnehmung ist; aber ob nicht überhaupt die Thatsache des Verstehens einer Sprache uns nöthigt, über die Wahrnehmung hinauszugehen, diese Frage wird in dem Leser durch diesen Einwurf nur angeregt, nicht weiter erörtert. Das Gleiche gilt von dem dritten Einwurfe, der mit besonderem Nachdrucke geltend gemacht wird, das wir nämlich die Fähigkeit haben, durch die Erinnerung frühere Wahrnehmungen zurückzurufen, so dass, wenn einerseits das Wissen ausschliesslich in die Wahrnehmung gesetzt und andererseits doch auch die nach Aufhören der Wahrnehmung stattfindende Erinnerung als Wissen anerkannt werden muss, die Ansicht des Protagoras sich in den Widerspruch verwickelt, dass derselbe zugleicher Zeit dasselbe wisse und nicht wisse. Auch dieser Einwand wird zwar von Protagoras in der ihm in den Mund gelegten, mit bittern Anklagen gegen die eristische Art der Socratischen Dialektik gewürtzten Vertheidigungsrede (166 A — 168C) zurückgewiesen durch die Bemerkung, dass der angebliche Widerspruch nur aus einer unberechtigten Gleichsetzung der Aufbewahrung eines Eindruckes im Gedächtnisse mit der Wahrnehmung hervor gehe, während doch der Zustand des sich Erinnernden ein ganz andrer sei als der des Wahrnehmenden, und weder in Beziehung auf das Subject noch in Beziehung auf das Object von einem $\tau\alpha\dot{\upsilon}\tau\acute{o}\nu$ dabei die Rede sein könne. So wenig aber diese Zurückweisung des Einwandes auf die Frage eingeht, ob denn jene Erhebung der Seele über die sinnliche Empfindung, welche in der Erinnerung vorliegt, von dem bisher von Protagoras festgehaltenen Sensualismus aus zu erklären sei, ebenso wenig werden die in den übrigen Einwendungen liegenden Andeutungen, dass das wahre Wissen anders geartet sein müsse als das Wahrnehmen, berücksichtigt und verwerthet. Denn so sophistisch uns auch diese weiteren Einwürfe des Socrates gegen die Protagoreische Lehre klingen mögen z. B. dass — die Richtigkeit der Protagoreischen Ansicht vorausgesetzt — das Oeffnen des einen Auges und das Verschliessen des andern wiederum zu dem schon erwähnten Widerspruche führen müste, dass man dasselbe zugleich wisse, und nicht wisse, oder: dass man doch nicht von einem scharfen oder stumpfen, aus der Nähe oder aus der Ferne geschehenden Wissen sprechen könne: im Sinne Platon's haben diese Eiwürfe doch die Bedeutung, dass sie auf Nothwendigkeit hinweisen, das Wissen von allen äussern, sinnlichen Beziehungen unabhängig zu machen; giebt es überhaupt ein wahres Wissen, von welchem die Prädicate der Unveränderlichkeit und Widerspruchslosigkeit nach Platon nicht zu trennen sind, so muss es sich auf ein anderes Object beziehen, als auf das wechselnde und widerspruchsvolle Gebiet der Dinge, welche durch die Sinne erfasst werden. Für dies Gebiet — so führt Protagoras in seiner Vertheitigungsrede noch einmal aus — ist die Behauptung der absoluten Relativität aller Dinge und die damit verbundene, dass für jeden Einzelnen seine momentane Wahrnehmung Wahrheit hat, noch immer unwiderlegt. Auch wird damit der verschiedene Werth der Wahrnehmungen und der Unterschied zwischen Weisen und Unweisen durchaus nicht aufgehoben. Denn zwar nicht um grössere oder geringere Wahrheit der für jeden mit unmittelbarer Gewissheit verbundenen Wahrnehmungen handelt es sich, aber doch um Gesundheit oder Krankheit derselben; wessen Wesen ein höher entwickeltes ist, für den wird auch sein Zusammentreffen mit den Dingen ein anderes Resultat haben, die Dinge werden ihm ein Mehreres und Besseres sein, als dem weniger Ausgebildeten. Wenn Protagoras den Standpunkt, auf welchem wir ihn bisher haben stehen sehen, hätte festhalten wollen, so müsste er nun die Aufgabe des Weisheitslehrers mit der des Arztes oder des Turnlehrers zusammenfallen lassen und in die Ausbildung des Körpers, der Sinneswerkzeuge setzen. Doch zeigt der Schluss seiner Vertheidigungsrede, wo auch das Gerechte, Gute, Nützliche als Lehrobject des Sophisten betrachtet wird, dass doch Protagoras die αἴσϑησις d. h. das Innewerden des eignen durch äussere Eindrücke veranlassten Zustandes (Empfindung) und die unmittelbare Anschauung der unsere Sinne afficirenden Gegenstände (Wahrnehmung) nicht, wie es nach dem Bisherigen scheinen konnte, als die einzige intellectuelle Function der Seele betrachtete; vielmehr geht er selbst schon über auf das Gebiet der δόξα, der auf Grund der Wahrnehmungen sich bildenden Meinung über Beschaffenheit und Zusammenhang der Dinge, welche schon dem Denken, der mittelbaren Erkenntniss angehört. Zu diesem Hinausgehen über den anfänglich eingenommenen Standpunkt wurde Protagoras durch unleugbare Thatsachen des geistigen Lebens gedrängt, aber er verliess damit den Boden, auf welchem er auch für Platon unangreifbar war. Indem er auf diese δόξα unberechtigter Weise das übertrug, was er von der sinnlichen Empfindung und Wahrnehmung mit gutem Grunde behauptet hatte, sah er sich zu Widersprüchen und unhaltbaren Aufstellungen getrieben, wie denn auch Platons Kritik des Protagoreischen Hauptsatzes: „aller Dinge Mass ist der (einzelne) Mensch" an dieser Stelle einsetzt. Doch leuchtet auch ein, dass durch diese Kritik das Protagoreische τὸ δοκοῦν ἑκάστῳ, τοῦτο καὶ ἔσται ᾧ δοκεῖ nur von dem Gebiete der δόξα als unhaltbar erwiesen wird; die Berechtigung dieses Satzes auf dem Gebiete der αἴσθησις ist damit nicht widerlegt worden, wie auch Platon selbst eingesteht (179 C). Die Identificirung der αἴσθησις mit der ἐπιστήμη konnte durch den Nachweis zurückgewiesen werden, dass wir nicht bloss die eine Erkenntnissweise der Wahrnehmung haben, sondern überall uns zur denkenden Betrachtung der Wahrnehmungen erheben, wie aus den im Folgenden gegen Protagoras geltend gemachten Thatsachen erhellt. Dass bei solcher denkenden Betrachtung der Wahrnehmungen der absolute Subjectivismus des Protagoras unhaltbar ist, dass hier ein Unterschied zwischen wahr und falsch ist, hat Platon erwiesen. Aber wir vermissen die klare Erkenntniss, dass er damit schon auf das Gebiet der δόξα übergegangen ist. Aus dieser Erkenntniss hätte sich ergeben, dass die Zurückführung der von Theaitetos gegebenen ersten Definition: ἡ αἴσθησις ἐπιτήμη auf den Protagoreischen Satz: „aller Dinge Mass ist der Mensch" doch nur in sofern berechtigt war, als beide die Objectivität der Erkenntniss völlig aufheben, wenn auch Protagoras nicht die Erhebung der Seele über die momentane Sinneswahrnehmung leugnen wollte, wie es nach jener Zurückführung der Theaitetischen Definition der ἐπιστήμη als αἴσθησις auf die Protagoreische Lehre und nach der im 1 Abschnitte gegebenen Entwicklung der Protagoreischen Theorie scheinen musste; das δοκοῦν in dem eben angeführten Grundsatze des Protagoras, (161 C) umfasste mehr, als die φαντασία, die sinnliche Erscheinung (152 C), von welcher anfangs nur die Rede gewesen war. Dies Fehlen einer scharfen Unterscheidung der φαντασία und der δόξα, welche in jenem δοκοῦν ἑκάστῳ des Protagoras vereinigt waren, scheint mir der Durchsichtigkeit der Platonischen

Untersuchung nicht wenig geschadet zu haben. Platon kommt dadurch nicht allein dazu, in seinem ersten Haupttheile, der es doch mit der αἴσθησις zu thun haben soll, schon auf dem Gebiete der δόξα sich zu bewegen, sondern er weist auch in der Widerlegung des absoluten Subjectivismus des Protagoras etwas ausführlich nach, was er doch nachher, beim Beginn des 2ten Theiles, als gar keines Nachweises bedürftige, allgemein anerkannte Thatsache hinstellt, nämlich die Thatsächlichkeit falscher Vorstellungen. Wenn nämlich im III Abschnitte (169 D — 179 D), dessen Anfang durch die die Untersuchung unterbrechende Aufforderung an den Theodoros, nun selbst das Antworten für seinen Freund Protagoras zu übernehmen, von dem vorigen Abschnitte deutlich abgegrenzt wird, als erster durchschlagender Grund gegen die Protagoreische Aufhebung jedes Unterschiedes von Wahrheit und Irrthum geltend gemacht wird (169 D — 171 D), dass die Ansicht der Menge, welche Protagoras seinem eignen Grundsatze gemäss als wahr anerkennen muss, das Gegentheil von dem besagt, was Protagoras behauptet, so dass also der Satz des Protagoras durch seine eigne Wahrheit unwahr wird, so ist klar, dass das Urtheil der Menge, dass es in der That einen Unterschied gebe zwischen Weisheit und Unweisheit, Wahrheit und Irrthum, gar nicht mehr aus der αἴσθησις stammt; um die Anschauung eines die Sinne afficirenden Einzeldinges handelt es sich dabei nicht mehr. Protagoras selbst aber hat bei dem angegriffenen Satze: τὸ δοκοῦν ἑκάστῳ τοῦτο καὶ ἔσται ᾧ δοκεῖ zunächst gewiss nur am Urtheile über die Beschaffenheit der mit uns in Berührung tretenden Dinge gedacht, Urtheile, welche nach seiner Ansicht von der Relativität der Qualitäten aller Dinge bei jedem Einzelnen durch die eigene Beschaffenheit mitbedingt waren. Der aus der Verallgemeinerung des obigen Satzes fliessende Widerspruch, dass mit ihm zugleich sein contradictorisches Gegentheil wahr sein müsse, ist daher dem Protagoras selbst kaum Schuld zu geben. Steinhart bemerkt (a. a. O. S. 209, Anm. 54 a.) mit Recht, dass diese Deduction

Platons stark an den bekannten Trugschluss ὁ ψευδόμενος erinnere; nur haben wir kein Recht, mit ihm anzunehmen, dass sie von Platon selbst nicht ernsthaft gemeint sei, vielmehr wird am Schlusse dieses Abschnittes (179 B.), wo die als entscheidend angesehenen Gründe gegen Protagoras recapitulirt werden, auch der angeführt, dass seine Lehre auch die ihr widerstreitende Ansicht als wahr betrachten müsse.

Als zweiter durchschlagender Grund gegen Protagoras wird ausgeführt, dass da, wo es sich um die Beschaffenheit eines zukünftigen Zustandes handelt, unbestreitbar ein Unterschied zwischen wahrer und falscher Meinung bestehe, möge auch von der gegenwärtigen Wahrnehmung, ja selbst von den Begriffen des Rechts und des Unrechts, der Frömmigkeit und Gottlosigkeit die Lehre des Protagoras, dass sie völlig relativ seien, ihre Bestimmtheit und Gültigkeit nur durch das Subject erhalten, unwiderleglich sein. Doch in die Erörterung dieses 2. Einwandes schiebt sich eine Episode ein (172C — 177 C): eine Parallele zwischen den unphilosophischen Staatsredner und Staatsmanne einerseits und dem Philosophen andrerseits. Es ist freilich richtig, dass diese Parallele nur sehr lose angeknüpft wird durch die Erinnerung an die Eile, die Hast, die knechtische Abhängigkeit, mit welcher politische Redner ihre Gegenstände zu behandeln haben, während ihnen — den im philosophischen Gespräche Begriffenen — volle Freiheit und Musse gewährt sei, und dass sowohl in der Mitte (173 B) wie am Schlusse (177 C) der sich daran anschliessenden antithetischen Schilderung des Philosophen und des Weltmannes diese ausdrücklich als beiläufige Episode bezeichnet wird. Aber doch wird man sich kaum überreden können, dass wirklich die angegebene Ideen-Association — Freiheit des Philosophen in seinen Untersuchungen, Unfreiheit des politischen Redners bei der Behandlung seines Gegenstandes — der einzige Anlass für Platon gewesen sein sollte, diese mit so grosser Liebe durchgeführte Schilderung einzuschieben und gerade an dieser Stelle; die Frage nach den inneren Beziehungen, in welchen diese Episode mit dem Vorhergehenden und Nachfolgenden steht, wie nach ihrer Bedeutung für den ganzen Dialog wird sich immer aufdrängen, und der Versuch Susemihls sie zu beantworten, verdiente die Zurückweisung, welche ihm Bonitz a. a. O. zu Theil werden lässt, nicht. Wenn ferner Bonitz behauptet, es finde sich nicht die leiseste Andeutung für Susemihls Ansicht, das die Absicht, die verderblichen Consequenzen der sensualistischen Ansicht auf ethisch-politischem Gebiete hervorzuheben, die Episode veranlasst habe, so scheint er mir die den Abschnitt einleitenden Worte: „wir kommen aus einer Untersuchung in eine andere, aus einer kleineren in eine grössere" (172 B) nicht genug beachtet zu haben. Was ist das für eine neu sich aufdrängende Untersuchung? Offenbar enthält die folgende Gegenüberstellung des Treibens der gewöhnlichen Staatsmänner und des Lebens der Philosophen eben den Gegenstand dieser neuen Untersuchung, welche bei der Rückkehr zu der „ersten Rede" (177 C) gar nicht mehr erwähnt wird, durch diese Episode also erledigt sein muss. Zu dieser neuen Untersuchung aber fühlt sich Socrates doch durch die unmittelbar vorher erwähnten Begriffe des Gerechten und Ungerechten, Nützlichen und Schädlichen, wie sie besonders auf dem Gebiete des Staatswesens von Protagoras gefasst werden, veranlasst. Ob es in der That, wie Protagoras und diejenigen meinen, welche sich zu den aus seinem Skepticismus für das sittliche Gebiet sich ergebenden Consequenzen bekannten, kein allgemein gültiges Sittengesetz gebe, sondern auch hier absolute Subjectivität herrschen solle, wie auf dem Gebiete des Erkennens: das wäre durch eine dialectische Untersuchung zu erforschen gewesen. An die Stelle derselben setzt nun Platon die in Rede stehende Schilderung; nicht dialectisch untersucht wird der neu sich aufdrängende Gegenstand, sondern Platons Ueberzeugung von der Verwerflichkeit der Gegnerischen Lehren wird ohne nähere Begründung dargestellt durch die Schilderung der knechtischen Abhängigkeit von äussern Umständen, zu welcher die

Anerkennung jener Lehre führt, wogegen die von Platon vertretenen entgegengesetzten Anschauungen den Beweis ihrer Wahrheit in sich selbst tragen, da sie ihre Jünger, die wahren Philophen, zu jener königlichen Freiheit von der ewig wechselnden Sinnenwelt und den an ihr haftenden Meinungen der Menschen erhebt, welche Platon mit so glänzenden Farben malt. Demnach nöthigen uns Platons eigene Worte, diese Episode in enge Beziehung zu der vorher eben in Frage gekommenen Beschaffenheit der sittlichen Begriffe zu setzen, und den Gedanken, dass die Unterredner Musse zu freier Forschung haben und nicht wie die Redner vor Gericht durch das Ablaufen der Wasseruhr gedrängt werden, nur als zufällige Anknüpfung, nicht als die eigentliche Veranlassung der folgenden Schilderung anzusehen. Sie tritt vielmehr gerade an der richtigen Stelle ein, nämlich da, wo die absolute Subjectivität und die Vernichtung aller an sich seienden Wahrheit, welche Protagores bisher für das theoretische Gebiet geltend gemacht hatte, auch über das sittliche sich auszudehnen begann. Dass auf diesem Gebiete Platon am ersten voraussetzen konnte, bei der Bekämpfung des Gegners die Zustimmung des Lesers zu erhalten, das war schon gleich nach der Entwicklung der Herakleitischen Theorie von der Wahrnehmung in der Frage angedeutet, ob denn wirklich Theaitetos der Ansicht sei, dass das Gute und Schöne nicht sei, sondern werde, eine Frage, welche um so mehr hervortritt, als im Vorhergehenden von diesen sittlichen Begriffen noch gar keine Rede gewesen war. Aber Practisches und Theoretisches sind bei Platon unzertrennlich verbunden, ein wahrhaft sittliches Handeln ist nicht möglich ohne das wahre Wissen und umgekehrt; ist die Möglichkeit und das thatsächliche Vorkommen des einen sicher gestellt, so ist auch der Angriff gegen das andere abgewiesen. So ist diese Abschweifung zugleich auch in Beziehung auf das Thema unseres Dialogs, das Wesen des Wissens, „ein heller Punct für den aufmerksamen Leser, vermittelst dessen er sich in den verschlungenen Irrgängen des Gesprächs zurecht finden kann" (Schleiermacher

a. a. O. Einleitung S. 180.). Indem das unfreie und unwürdigen Treiben des von der Menge und ihren wechselnden Vorstellungen abhängigen Staatsredners geschildert wird, welches dem Fortgetriebenwerden in dem ruhelosen Flusse der Sinnendinge des die ἐπιστήμη mit der αἴσθησις identificirenden Sensualisten entspricht, und indem sowohl auf die Nothwendigkeit einer über den schwankenden Meinungen der Menge erhabenen Norm des Handelns hingewiesen, wie das Vorhandensein einer solchen deutlich ausgesprochen wird, wird zugleich dem Leser die Andeutung gegeben, dass das Wesen des Wissens nicht gefunden werden kann, so lange wir stehen bleiben in der flüchtigen Sinnenwelt; das Object des Wissens muss auserhalb derselben liegen, das Wissen muss unabhängig sein von allen sinnlichen Beziehungen. Dass es zunächst eine allgemein gültige Norm des sittlichen Handels gebe, das wird gleich im Anfange der Schilderung vorausgesetzt, wenn es von den gewöhnlichen Staatsrednern heisst, dass sie die aus ihrer Abhängigkeit von den Meinungen der Menge fliessenden Gefahren nicht vermeiden können „ohne Verletzung des Gerechten und Wahren" (173 A), Noch entschiedener aber erhebt sich Platon aus allen Zweifeln und schwingt sich auf die Höhe seiner Philosophie da, wo er von den zwei Vorbildern spricht, dem göttlichen der grössten Glückseligkeit und dem ungöttlichen des grössten Elendes, deren Einem die Menschen je nach der sittlichen Beschaffenheit ihres Handelns ähnlich werden. Das hiermit die Ideenlehre klar ausgesprochen ist, kann nicht verkannt werden; die παραδείγματα sind die von dieser Welt des Scheins und des Wechsels getrennten, für sich bestehenden, unwandelbaren, ewigen Ideen des Guten und des Schlechten. Dass Platon nicht bloss von einem Urbilde des Guten redet, welchem unsere Handlungen nachzuahmen haben, sondern auch eine ewige Idee des Schlechten annehmen musste, folgte mit Nothwendigkeit aus seinen Principien, nach welchen alles, was Inhalt eines Begriffes war, als Idee in die Reihe jener für sich bestehenden Wesenheiten gesetzt werden musste; das Schlechte war aber ein ebenso legitimer Begriff als das Gute. — Die innige Verbindung aber der Ethik mit der Dialektik zeigt sich, wie gesagt, in dieser Episode darin, dass zugleich mit der Hinstellung wandelloser sittlicher Ideen, nach welchen der Philosoph sein Leben richtet, mit der Abweisung der Protagoreischen Ansicht von der Subjectivität des Gerechten und Ungerechten, Guten und Schlechten auch die Möglichkeit eines wahren Wissens vorausgesetzt wird. Der Philosoph d. h. der Wissende, wie er von der Idee des Guten allein sein Handeln leiten lässt, nicht von dem Schein und von der Meinung der Menge, bleibt mit seinem Erkennen nicht haften an einzelnen sinnlichen Erscheinungen, die in ihrer Flüchtigkeit kein wahres Wissen ermöglichen, sondern nach dem forscht er „was die Gerechtigkeit und Ungerechtigkeit an sich (αὐτή) ist" (175 C), d. h. nach der Idee der Gerechtigkeit und Ungerechtigkeit. Wie man zum Guten nur hinan kommen kann durch Flucht aus der Sinnenwelt, welcher das Böse stets anhaften muss als nothwendiger Gegensatz des Guten, so ist auch das wahre Wissen nur zu erreichen durch Erhebung über das Gebiet der Sinnlichkeit, das in sich widerspruchsvoll ist und ewig wechselt. Daher, aus dieser Erhebung über die Sinnenwelt, kommt die Unbeholfenheit und Unwissenheit in den Dingen des gewöhnlichen Lebens, wegen deren der Philosoph dem Spotte der Leute (mit der thrakischen Magd, welche den in den Brunnen gefallenen Thales verlachte, ist vielleicht Antisthenes gemeint vgl. Zeller a. a. O. II. 207 Anm. 2.) ausgesetzt ist; wohnt er doch nur dem Körper nach im Staate, „seine Seele aber schweift umher, jegliche Natur alles dessen, was ist, im Ganzen erforschend" (174 A). Diese Andeutungen sind deutlich genug, um daraus Platon's eigne Ansicht über das Wesen des Wissens zu erkennen; es hat nach ihm ein durchaus anderes Object als die sinnliche Wahrnehmung und die sich auf ihr erhebende Vorstellung, und die Seele verfährt ganz anders diesem Objecte des Wissens gegenüber, als bei der αἴσθησις und δόξα. Dass diese Bestimmungen in dem Verlaufe des Gesprächs nicht weiter verwerthet werden, sondern 177 C einfach in der unterbrochenen Erörterung des zweiten gegen des Protagoras' Erkenntnisslehre geltend gemachten Grundes fortgefahren wird, erklärt sich aus der Absicht, die gegnerische Ansicht durch Thatsachen, welche dem Gegner selbst unmittelbar einleuchten müssen, als unhaltbar zu erweisen. Auch Protagoras — so wird die Untersuchung fortgesetzt — muss anerkennen, dass bei verschiedenen Ansichten, welchen Erfolg ein in der Gegenwart Geschehendes in der Zukunft haben werde, ein Unterschied besteht zwischen Wissen und Nichtwissen; hier zeigt es sich, wenn die Zukunft zur Gegenwart geworden ist, dass nur das Urtheil des Sachkundigen wahr ist; nicht jeder, nur der Kundige ist hier das Mass der Dinge.

Während so der Subjectivismus des Protagoras auf dem Gebiete der $δόξα$ als unhaltbar nachgewiesen ist, wird doch anerkannt, dass für das Gebiet der sinnlichen Wahrnehmung und Empfindung sein Satz, dass für jeden die Dinge so seien, wie sie ihm erscheinen, noch nicht widerlegt sei (179 C). Die Frage, wie es auf diesem Gebiete mit der Protagoreischen Ansicht stehe, führt im IV Abschnitte (179 D — 184 A) zu einer Kritik der Herakleitischen Allbewegungslehre, in welcher — nach einem Ausfall des Theodoros gegen die niemals Rede stehenden, die orakelhaften Sprüche des Meisters nur geistlos wiederholendem späteren Herakleiteer — das gegen ihre Richtigkeit geltend gemacht wird, dass bei der von ihr angenommenen doppelten Bewegung — dem Ortswechsel ($φορά$) und der Veränderung ($ἀλλοίωσις$: Wechsel der Beschaffenheit) —, in welcher Subject und Object sich stets befinden sollen, gar keine bestimmte Wahrnehmung zu Stande kommen kann; in demselben Augenblicke, in welchem sie eintritt, müsste sie auch schon wieder eine andere werden; wir könnten weder von dem Objecte noch von dem Subjecte der Wahrnehmung irgend etwas Bestimmtes aussagen, da sie auch nicht die kleinste Zeitdauer lang in demselben Zustande beharren; die Erkentniss wäre ebenso gut Nichterkenntniss. Auch die Möglichkeit der Mittheilung wäre damit aufgehoben, da die Sprache doch von den Dingen aussagt, dass sie sich so oder so verhalten. Dies von ihnen auszusagen, ist man aber nur bei der Annahme berechtigt, dass sie in einem Zustande beharren.

Es fragt sich, wie weit durch diese Kritik die Bewegungslehre des Herakleitos bekämpft werden soll. Das Platon sie nicht ganz verworfen, sondern für das Gebiet der sinnlichen Dinge stets als berechtigt anerkannt hat, beweisen zahlreiche Stellen seiner sonstigen Schriften, nicht zu gedenken des Zeugnisses des Aristoteles (Metaph. I, 6), dass er ihr immer treu geblieben sei. Die Bekämpfung derselben an unserer Stelle wird also den Sinn haben, dass auf die Nothwendigkeit hingewiesen wird, hinter dem unaufhörlichen Flusse der Sinnendinge und der durch sie hervorgebrachten Eindrücke feste Punkte anzunehmen, an welche sich die flüchtigen Sinneswahrnehmungen gleichsam anklammern und ohne welche sie sofort wieder verloren gehen würden; hinter dem ewigen Werden der Sinnenwelt muss ein festes Sein stehen, welches eine bestimmte Wahrnehmung erst ermöglicht; ergänzt soll die entwickelte Lehre von der Bewegung der Dinge und von der αἴσθησις werden, nicht durchaus umgestossen. Schon Herakleitos selbst hatte das Subject keineswegs so in den Fluss der Dinge hineingezogen, wie seine späteren Schüler. Indem er die Sinneswahrnehmung von der Vernunfterkenntniss trennte und nur der letzteren die Erkenntniss des Wesens der Dinge zuschrieb, indem er forderte, dem κοινὸς λόγος zu folgen, nicht den besonderen Meinungen der Einzelnen — wenn auch bei ihm das Misstrauen gegen die Sinneswarnehmung nur daraus hervorgegangen war, dass die Sinne im Widerspruche mit seinem Princip uns ein festes, ruhiges Sein anzunehmen veranlassen: — erhob er doch den Menschen über das sinnliche Gebiet und war von dem Subjectivismus eines Protagoras fern. Und auch die immer fliessenden Objecte stellte Herakleitos unter das göttliche Gesetz der δίκη, welche Alles in Einklang erhält und jene verborgene Harmonie der Welt bewirkt, welche nur dem Denken zugänglich ist. Protagoras aber hob alle Stetigkeit in Subject und Object auf; gegen ihn richtet sich Platons Kritik, ohne dass er damit der Grundanschauung des Herakleitos für ein gewisses Gebiet die Berechtigung absprechen will. Wie er aber trotz dieser theilweisen Anerkennung der Herakleitischen Bewegungslehre die skeptischen Consequenzen, welche Protagoras daraus gezogen hatte, abwehrt, das ist in unserm Dialoge freilich nur angedeutet im V Abschnitte (183 D — 187 B) in welchem — nach Abweisung der Aufforderung des Theaitetos, nun auch die der Herakleitischen entgegengesetzte Lehre der Eleaten einer Prüfung zu unterwerfen — die Behauptung des Theaitetos, dass αἴσϑησις und ἐπιστήμη zusammenfallen, abgesehen von der Gestalt, in welcher die damit ausgesprochene Subjectivität alles Wissens bei Protagoras erschien, betrachtet und zurückgewiesen wird. Dies geschieht durch den Nachweis, dass überall, wo es sich um Vergleichung der Wahrnehmungen desselben Sinnes oder verschiedener Sinne handelt, nicht die Sinne selbst, welche nur Werkzeuge sind, vermittelst welcher wir wahrnehmen, befragt werden können; sondern dann ist die Seele selbst ohne sinnliche Vermittlung thätig. Die Sinne können eine solche Vergleichung nicht anstellen; jeder von ihnen haftet an der durch ihn vermittelten einzelnen Wahrnehmung; weder berühren ihn die Wahrnehmungen der andern Sinne, noch hat er über seine eigenen ein Urtheil, da er sie nicht zu andern in Beziehung setzen und so das ihnen Gemeinsame erkennen kann. Das Letztere ist nur möglich durch die über die Wahrnehmung sich erhebende reflectirende Thätigkeit der Seele, „in welcher alle Wahrnehmungen als in der einheitlichen ἰδέα zusammen laufen" (184 D, wo, wie Zeller a. a. O. II, 422 Anm. 3 gegen Ritter bemerkt, wir es nicht mit dem strengen philosophischen Gebrauche von ἰδέα, sondern mit dem unbestimmteren

Sinne dieses Wortes zu thun haben). Die Art, wie hier Platon die Nothwendigkeit der Annahme einer einfachen, immateriellen Seele erweist, ist in der That sehr treffend, und seine Argumentation bleibt noch heute gegen den Materialismus in Gültigkeit. Jene Einheit des Bewusstseins, die Thatsache, dass wir verschiedene Wahrnehmungen verknüpfen und zusammenfassen können, ist noch heute dem Materialismus ein Stein des Anstosses, welchen aus dem Wege geräumt zu haben er sich nur vermöge unklaren Denkens einzureden vermag. (vgl. Lotze, medicinische Psychologie S. 9 ff.)—

Wenn nun im Folgenden Platon als Objecte dieser unabhängig von sinnlicher Hülfe geschehenden Thätigkeit der Seele die allgemeinen Begriffe des Seins und Nichtseins, der Aehnlichkeit und Unähnlichkeit, des Guten und Bösen, Schönen und Hässlichen bezeichnet, so hat er damit angedeutet, wie in seinem Sinne die eben kritisirte Bewegungslehre des Herakleitos zu ergänzen ist. Durch Beziehung auf diese allgemeinen Begriffe erhalten die Wahrnehmungen Bestimmtheit, durch Theilhaben an ihnen gewinnen die wechselnden Sinnendinge Bestand. Dies allen Dingen zu Grunde liegende Gemeinsame (τὸ ἐπὶ πᾶσι κοινόν 185 C) kann allein das Prädicat der Unveränderlichkeit in Anspruch nehmen, ermöglicht darum allein ein wahres Wissen. Sind die allgemeinen Ideen Gegenstand des Wissens, so hat das Wissen die geforderte Freiheit von allen sinnlichen Beziehungen; sind doch die Ideen nach Platons Ansicht nicht aus den Wahrnehmungen abstrahirte Erzeugnisse derselben, sondern wir werden ihrer nur inne, weil sie schon in uns ruhen. Aber die in dieser Einführung der allgemeinen Begriffe liegende Andeutung, wie in Platons Sinn die ganze vorliegende Frage nach dem Begriffe des Wissens zu lösen ist, nämlich durch die Beziehung der intellectuellen Thätigkeit auf eine von den sinnlichen Einzelobjecten der Wahrnehmung und Vorstellung verschiedene Klasse von übersinnlichen Objecten, den objectiven Correlaten der Begriffe, wird hier nicht weiter verfolgt, da es hier nur darauf ankam, durch die aufgefundene, unmittelbare Thätigkeit der Seele die Betrachtung von der $αἴσθησις$ in das höhere Gebiet des $δοξάζειν$ zu erheben. Da die Wahrnehmung — das ist das für diesen Zweck genügende Resultat der Erörterung — unvermögend ist, das Sein der Dinge zu fassen — ist doch das Sein ein allgemeiner Begriff —, so hat sie, da Wahrheit nicht ohne Theilnahme am Sein denkbar ist, es mit der Wahrheit überhaupt noch gar nicht zu thun und kann auch, da Wissen nichts anderes ist als die zur Wahrheit gelangte Erkenntniss nicht mit dem Wissen identisch sein; nur in einer höheren, über die Wahrnehmung hinausgehenden Seelenthätigkeit ist das Wissen zu suchen. Von den höchsten Objecten des Denkens aber, bei welchen diese so aufgefundene unmittelbare Thätigkeit der Seele einen Augenblick verweilt hatte, wird, wie gesagt, die Betrachtung „sofort wieder auf das sinnliche Gebiet und auf das Einzelne und Besondere zurückgespielt." (Schleiermacher a. a. O. S. 176): nur von der $δόξα$ ist im Folgenden die Rede, von der durch die sinnliche Wahrnehmung und die Erfahrung bestimmten Ansicht, welche zwar oft das Richtige trifft, aber eben so oft es auch verfehlt, weil sie die sinnliche Vielheit nicht auf die übersinnliche Einheit zurückführt. Auf dem Gebiete dieser zwischen Wahrheit und Irrthum schwankenden Vorstellung sucht nun Thaitetos im **II Haupttheile** (187 B — 201 D) die $ἐπιστήμη$; sie soll, da es unleugbar auch falsche Vorstellungen giebt, zusammenfallen mit der $ὀρθὴ\ δόξα$. Doch wird die Prüfung dieser zweiten Definition der $ἐπιστήμη$ durch den Versuch unterbrochen, das Vorkommen der falschen Vorstellung zu erklären im **I Abschnitte** (187 D — 200 D) ein Versuch, der sowohl im Anfange (187 D) durch die Erinnerung an die bei der Episode des I. Haupttheils geltend gemachte Musse und Freiheit des Philosophen bei solchen Untersuchungen, wie am Schlusse (200 C) durch die Zurücklenkung auf die als noch ganz unerschüttert betrachtete Definition des Theaitetos als Digression bezeichnet wird, deren

Erörterung für das Hauptthema nicht unbedingt nöthig gewesen wäre. Doch ist damit nicht ausgeschlossen, dass auch für die Hauptfrage die Erörterung dieser Nebenfrage von Nutzen sei; ergiebt sich, dass die Erklärung der falschen Vorstellung nicht gelingt von der von Theaitetos angenommenen Identität des Wissens und Vorstellens aus, so ist das ein indirecter Beweis dafür, dass diese Identificirung unzulässig ist, um so mehr, als die Thatsächlichkeit der falschen Vorstellung gar nicht in Frage gestellt wird. Dass aber die nicht gelingenden Versuche, die falsche Vorstellung zu erklären, sich nicht auf dem Boden der von Theaitetos angenommenen Identität von Wissen und Vorstellen bewegen, das hat Bonitz, welcher Susemihl' das Recht bestreitet, diese Erörterung in dem angegebenen Sinne, zu verwerthen, nicht erwiesen; auch vermag ich nicht abzusehen, worin sonst bei den verfehlten Versuchen nach Platon's Ansicht der Fehler stecken soll. So misslingen die ersten Versuche (in der ersten Unterabtheilung dieses Abschnittes 188 A—190 E) darum, weil sie sowohl als Object des Vorstellens das unbedingte, ababsolute Sein, wie bei dem Subjecte nur ein absolutes Wissen und Nichtwissen vorausetzen. Da diese Voraussetzung es unmöglich macht, die als thatsächlich anerkannte falsche Vorstellung zu erklären, so folgt, dass die Vorstellung sich auf einem andern Gebiete bewegen muss, als das Wissen, für welches jene Voraussetzung durchaus in Gültigkeit bleiben soll; bei dem Wissen giebt es in der That kein wahr und falsch, sondern nur ein Haben und Nichthaben. Ueberträgt man aber diese Bestimmung auf die Vorstellung, setzt man einerseits an die Stelle des mannigfach vermittelten phychischen Geschehens das fertige reine Wissen und betrachtet andrerseits als das vorgestellte Object nicht das bedingte, relative, sondern das absolute Sein, so ergiebt sich die Unmöglichkeit der falschen Vorstellung sowohl von dem Gesichtspunkte des Subjects (188 A— C), wie von dem des Objects (188 C—189 B) aus. In ersterer Beziehung wird nachgewiesen, dass jeder der 4 denkbaren Fälle, dass man ein Gewusstes oder ein Nichtgewusstes für etwas Anderes hält. von dem man weiss oder nicht weiss, unmöglich ist, da jeder dieser Fälle auf den Widerspruch führt, dass man dasselbe zugleich wisse und nicht wisse. In der zweiten Beziehung, von dem Gesichtspunkte des Seins aus, muss ebenfalls von der zu Grunde liegenden Voraussetzung aus wahre und falsche Vorstellung zusammenfallen, da Niemand Nichtseiendes vorstellen kann, ein Argument gegen die Möglichkeit der falschen Vorstellung, welches in derselben Weise auch für die Wahrnehmung gilt, so das — wie Susemihl (a. a. O. S. 193) mit Recht hervorhebt — diese ganze Ansicht, welche Vorstellen und Wissen identificirt, durch die hier zu Grunde liegende Nichtanerkennung eines relativen Seins und Nicht-Seins wieder zu dem Resultate des Protagoras hinabsinkt: τὸ δοκοῦν ἑκάστῳ καὶ ἔστιν ᾧ δοκεῖ. Der 3te Versuch endlich (189 C — 190 E), die falsche Vorstellung zu erklären als Verwechslung der Vorstellungen, als unrichtige Beziehung der Objecte auf einander, führt in ganz denselben Widerspruch, wie die früheren, dass man dasselbe wisse und nicht wisse. Denn denkt man in dieser Verwechslung beide gewussten Objecte, so müsste man, um sie in dem inneren Selbstgespräch, dem zwischen Bejahung und Verneinung schwankenden Reflectiren, welches der mit der Bejahung zu Stande kommenden Vorstellung vorangeht, zu verwechseln, zu sich selbst sagen, dass ein gewusster Gegenstand ein anderer, ebenfalls gewusster sei, was unmöglich ist; oder denkt man nur eins der Objecte, so kann von einer Verwechslung, die ja nicht möglich ist, ohne dass mehrere Objecte in Frage stehen, überhaupt nicht die Rede sein. Wenn Platon zum Beweise, dass in dem ersteren der zuletzt angegebenen Fälle eine Verwechslung der Vorstellungen unmöglich sei, die allgemeinen Begriffe des Guten und Schlechten, Geraden und Ungeraten anführt, welche selbst der Träumende oder der Wahnsinnige nicht zu einem bejahenden Urtheile verbinden könne, so zeigt er damit wieder, dass das Gebiet des reinen, unwandelbaren Seins, auf welchem der Irrthum keine Stelle hat, nicht das der Vorstellung ist, deutet an, dass die ganze Frage, um welche es sich handelt, durch Unterscheidung verschiedener Klassen von Objecten zu lösen ist.— Da nun aber das Hinaufsteigen in das Gebiet des Wissens den Versuch, die falsche Vorstellung zu erklären, hat misslingen lassen, so wird die Untersuchung zurückgedrängt zu dem Einzelnen und Sinnlichen (in der II Unterabtheilung 191 A — 196 D) und die vorliegende Frage zu lösen versucht durch Unterscheidung der gegenwärtigen Wahrnehmung von ihrer Aufbewahrung im Gedächtnisse (191 A — 195 B). In der Seele befindet sich eine Art Wachstafel, in welche sich die Bilder des Wahrgenommenen eindrücken, je nach der Beschaffenheit des Wachses deutlich oder getrübt, tief oder flach. Die falsche Vorstellung entsteht nun durch Beziehung einer Wahrnehmung auf ein zu ihr nicht gehöriges Bild im Gedächtnisse, veranlasst durch Undeutlichkeit endweder der Wahrnehmung oder des durch frühere Wahrnehmung entstandenen Gedächtnissbildes, so dass beide gleich gesetzt werden, ohne es zu sein. Denn nur dann — das* wird in vollständiger Aufzählung aller einzelnen Combinationen von Vorstellungen und Wahrnehmungen dargethan — ist die Verwechslung zweier Einzelgegenstände möglich, wenn diese beiden Factoren zusamenwirken: Wahrnehmung und das in der Seele vorhandene Bild einer früheren Wahrnehmung (= sinnliche Vorstellung), indem entweder beide oder eins derselben ihren Gegenstand nicht rein wiederspiegeln, während bei völlig klarem Wissen ebenso wenig eine falsche Vorstellung entstehen kann, wie bei völliger Unbekanntschaft. Es wird also jetzt ein zwischen Wissen und Nichtwissen in der Mitte liegendes Gebiet anerkannt, ein unsicher umhertastendes Halbwissen, und nur bei ihm kann die falsche Vorstellung vorkommen. Dass freilich das Object der Vorstellung überhaupt zwischen Sein und Nichtsein in der Mitte schwebt und jede — auch die wahre — Vorstellung desshalb ein Halbwissen ist, welches wohl das Richtige trifft, aber aus Zufall, weil die allgemeinen Begriffe, das wahre Wesen der Dinge, nur getrübt und bewusstlos dabei in der Seele vorhanden sind, diese seine weitere Ueberzeugung hier auszusprechen, hat Platon keinen Grund. Die psychologische Erklärung falscher Vorstellungen im Anfange unseres Abschnittes aber haben wir kein Recht, mit Stallbaum, Steinhart, Susemihl als von Platon selbst nicht ernst gemeint zu betrachten. Wenn Platon selbst die sinnliche Auffassung seelischer Vergänge, wie sie in dem Vergleich der Seele mit einer Wachstafel und in dem späteren mit einem Taubenschlage hervortritt, später (p. 200) von dem fingirten Gegner als lächerlich bezeichnen lässt, so sehen wir daraus zwar, dass er wohl wusste, wie inadäquat solche Bilder seien, aber nicht, dass er, wie Steinhart meint, absichtlich auf den sensualistischen Standpunkt seiner Gegner herabgestiegen sei. Ein solches Herabsteigen hätte hier, wo es sich um ernsthafte Erklärung eines für Platon schwierigen Problems handelt, keinen Sinn gehabt. Platon redet in Bildern, weil er sich unfähig fühlte, den Gegenstand anders zu behandeln; er greift im Philebos* (p. 38 u. 39), wo ebenfalls das Vorkommen falscher Vorstellungen in einer unserer Erörterung verwandten Weise erklärt wird, zu ähnlichen sinnlichen Hülfsmitteln, dem „Schreiber" und dem „Maler" in der Seele; an eine Ironie zu denken, ist aber im Philebos vollends kein Grund. Auch wird die eben gegebene Erklärung der Möglichkeit falscher Vorstellungen nicht als durchaus falsch verworfen durch die dem Socrates in den Mund gelegten Einwendungen (195 B — 196 D); nur als ungenügend wird sie bezeichnet, da es doch vorkomme, dass Vorstellungen untereinander verwechselt werden, nicht blos Vorstellungen mit Wahrnehmungen, wie das Vorkommen von Fehlern beim Rechnen mit unbenannten Zahlen zeige. Den Irrthum auch auf diesem Gebiete sucht Socrates (in der III Unterabtheilung 196 D — 200 D) zu erklären durch Unterscheidung des ruhenden Besitzes eines Wissens von seiner Anwendung, was veranschaulicht wird durch Vergleichung der Seele mit einem Taubenschlage. Wie es für den Besitzer eines solchen immer erst eines erneuerten Einfangens der Tauben bedarf, um sie in der Hand zu halten und zu benutzen, so haben auch wir durch Erlernen zwar die Kenntnisse in uns aufgenommen und sind im Besitz derselben, aber sie sind uns doch nicht immer gegenwärtig, wir haben sie nicht; es ist immer noch ein geistiges Wiederergreifen nöthig, wobei eben die Verwechslung zweier Begriffe vorkommen kann. Aber die Unterscheidung zwischen Besitzen und Haben hilft doch nicht über denselben Widerspruch hinweg, in welchen die ersten vergeblichen Erklärungsversuche verfallen waren, dass man nämlich dasselbe wisse und nicht wisse. Gerade vermöge ihrer Erkenntnisse müsste die Seele verkennen (199 D), wogegen auch der von Theaitetos vorgeschlagene Ausweg nicht hilft, neben den Erkenntnissen auch Unkenntnisse in der Seele anzunehmen, da wir beide wissend, nicht das Eine für das Andere halten können, abgesehen davon, dass diese Annahme nöthigt, von dem Wissen und Nichtwissen wiederum ein Wissen anzunehmen und so fort bis ins Unendliche.

Dieser ganze Versuch, den Irrthum auf dem Gebiete der von der Wahrnehmung losgelösten Denkthätigkeit zu erklären, wird daher als misslungen bezeichnet; nicht eher sei Hoffnung, die Sache ins Klare zu bringen, als bis das Wesen der Erkenntniss gefunden sei; die vorige Untersuchung hatte fortwährend mit diesem Begriffe operirt, ohne ihn zu verstehen. Daher stammt ihr Misslingen; sie hatte wie der erste misslungene, Versuch (188 A-190 E), vermöge der vorausgesetzten Identität der Erkenntniss mit der Vorstellung jenes Mittlere zwischen Wissen und Nichtwissen nicht beachtet, worin das Wesen der Vorstellung ruht, während der zweite Versuch (191 A — 195 B) durch Beachtung dieses Gebietes vor gleicher Resultatlosigkeit bewahrt geblieben war. Nicht von Erkenntnissen, die in unserer Seele ruhen, war in Platon's Sinne zu reden; sie können freilich nicht verwechselt werden, und bei einem wirklichen Wissen der Zahlenbegriffe ist ihm bei dem Rechnen mit unbenannten Zahlen der Irrthum unmöglich. Aber die Vorstellungen, welche das gewöhnliche unphilosophische Bewusstsein sein nennt, unterscheiden sich eben von den Erkenntnissen durch jene Unklarheit und Unsicherheit, welche ein Verwechseln derselben erst ermöglichen; auch wenn das vorstellende Bewusstsein es mit den Gegenständen der νόησις zu thun hat — wie bei dem Rechnen mit unbenannten Zahlen—, so bringt es dasselbe doch nie zu einer bewussten und reinen Anschauung der Ideen; es bleibt getrübt und verworren durch sinnliche Beziehungen.

Da also, so lange die Erkenntniss von der Vorstellung nicht scharf unterschieden und damit das Wesen beider festgestellt ist, die Untersuchung über die Möglichkeit der falschen Vorstellung nicht zum Ziele führen kann, so wendet sich die Betrachtung zu der von Theaitetos zu zweit aufgestellten Definition der ἐπιστήμη zurück im II Abschnitte (200 D — 201 C.) Die Unhaltbarkeit derselben wird nun durch den einfachen Hinweis auf die Thatsache erwiesen, dass die öffentlichen Redner durch ihre Ueberredungskünste zwar richtige Vorstellungen mittheilen können, diese aber nach den bei ihrer Erzeugung angewandten und anwendbaren Mitteln nimmermehr ein Wissen genannt werden können. Lassen sich doch die Redner gar nicht darauf ein, die Richter durch Gründe von der Wahrheit zu überzeugen, sondern nur darauf gehen sie aus, ihnen die Meinungen beizubringen, welche sie wollen. Diese einfache Berufung darauf, dass so gewirkte Ansichten nicht Erkenntnisse seien, lässt schliessen, dass Platon dies als durch frühere Untersuchungen ausgemacht betrachten durfte. Damit ist die zweite Definition des Theaitetos als unhaltbar erwiesen und es folgt
im III Haupttheile (201 C — zu Ende) der dritte und letzte Versuch, den Begriff des Wissens zu finden, ohne dasselbe auf eine besondere Klasse von Objekten zu beziehen. Diese dritte Definition, welche der zweiten so aufzuhelfen sucht, dass sie

der richtigene Vorstellung noch die Erklärung (λόγος) hinzufügt und nun die ὀρθὴ δόξα μετὰ λόγου mit der ἐπιστήμη identificirt, wird nicht als eigene Ansicht des Theaitetos eingeführt, sondern er und Socrates haben sie von einem Andern vernommen. Die Prüfung dieser 3. Definition schlägt insofern denselben Gang ein, wie die der ersten, als auch sie zuerst in dem Sinne genommen wird, in welchem sie bei ihrem ersten Vertreter erscheint, dann aber nach ihrer allgemeinen Bedeutung kritisirt wird, abgesehen von dem Sinne, welchen sie innerhalb des philosophischen Systems jenes ihres Urhebers angenommen hat. Dadurch zerfällt dieser dritte Theil in zwei Abschnitte. Das der in dem ersten (201 C – 206 C) bekämpfte Gegner Antisthenes ist, scheint mir nach der folgenden Erörterung der philosophischen Ansichten dieses Gegners nicht zweifelhaft zu sein (so auch Zeller a. a. O. II, 211. Anm., Susemihl, Bonitz gegen Hermann Geschichte u. System der Platon. Philosophie S. 499 und Steinhart a. a. O. S. 81, welche an einen der Grammatik kundigen Sophisten denken). Nach dem Zeugnisse des Aristoteles behauptete Antisthenes, dass das Was der Dinge nicht definirt werden könne, denn keinem Subjecte dürfe man ein vom Subjectsbegriffe verschiedenes Prädicat beilegen. Zwar von zusammengesetzten Dingen gebe es wohl eine Erklärung, da man ihre Bestandtheile aufzählen könne, von einfachen aber gebe es nur Namen, keine Definition, „es lässt sich wohl sagen, Silber ist etwas Ähnliches, wie Zinn, aber nicht, was Silber ist." Ganz dem entsprechend lässt Platon den hier bekämpften Gegner behaupten, dass es für die ersten Dinge, die στοιχεῖα, nichts gebe, als nur genannt zu werden; nichts von ihnen selbst Verschiedenes dürfe man von ihnen aussagen. nicht einmal das Sein oder Nichtsein. Sie seien unerklärbar und unerkennbar; nur von dem aus den einfachen Dingen Zusammengesetzten gebe es wie eine Erklärung, welche „die Zusammenfügung von Namen" ist, so ein Wissen. Doch wird diese Ansicht von dem Beispiele, von welchem sie ihren Ausgangspunkt und ihre Bezeichnungen genommen hat, von dem Verhältnisse der Silbe zu den einzelnen Buchstaben, zu dem Widerspruche geführt, dass man nach ihr die Gesammtheit dessen kennen müsse, wovon man das Einzelne nicht kenne. Der von Socrates vorgeschlagene Ausweg, dass vielleicht die Silbe nicht die Gesammtheit der Buchstaben, sondern eine davon verschiedene besondere Gattung sei, führt zunächst den Theaitetos zu der Behauptung, dass zwischen dem Ganzen (ὅλον) und der Gesammtheit (τὸ πᾶν) ein Unterschied sei. Aber dagegen wird eingewandt, dass die sämmtlichen Theile eines Dinges das gesammte Sein desselben sind, so dass das Ganze nichts Anderes sein kann, als die Gesammtheit; das Wesen beider besteht darin, dass sie alle ihre Theile in sich enthalten und keiner derselben ihnen jemals abgeht (204 E). Wenn nun aber doch für die Silbe die Möglichkeit sich öffnen soll, anders erkannt zu werden, als vermittelst der Buchstaben (denn dies Letztere ist ja bei der vorausgesetzten Unerkennbarkeit der Buchstaben als unmöglich nachgewiesen worden), so darf sie nicht aus Theilen bestehen, muss ein von den Buchstaben Verschiedenes, eine untheilbare Gestalt (ἰδέα ἀμέριστος) sein. Aber dann würde sie wieder unter den Begriff des στοιχεῖον fallen, also auch mit ihm das gleiche Geschick der Unerkennbarkeit theilen. Doch wird schliesslich diese ganze Ansicht von der Unerkennbarkeit der einfachen Elemente der Dinge widerlegt durch den Hinweis auf die entgegenstehende Erfahrung, dass keine Wissenschaft gelernt werden kann, bevor nicht die Elemente genau und scharf erfasst sind; auf der Kenntniss dieser beruht aller weitere Fortschritt. Wenn Platon zum Beweise, dass gerade die στοιχεῖα, deren Erkennbarkeit Antisthenes leugnete, das Fundament aller Erkenntniss seien, Buchstaben und Töne anführt, die wir erst aufgefasst haben müssen, ehe wir in der Kunst des Lesens und der Musik Fortschritte machen können, so kann nicht das seine Meinung sein, dass in dem Gebiete dieser durch die sinnliche Wahrnehmung zu erfassenden Dinge wahre Erkenntniss liege;

diese sogenannten στοιχεῖα und ihr Verhältniss zu den aus ihnen zusammengesetzten Dingen bieten ihm nur die Analoga für die Realitäten, welche in Wahrheit allen Dingen zu Grunde liegen, und welchen das Prädikat der Einfachheit mit grösserem Rechte zukommt, für die Ideen. Der Grund, warum die scharfsinnigen Untersuchungen dieses Abschnittes resultatlos bleiben, die versuchte Unterscheidung von ὅλον und πᾶν, die Annahme einer ἰδέα ἀμέριστος, die nicht aus Theilen besteht, als unhaltbar sich erweist, wird in Platon's Sinne eben darin zu suchen sein, dass nicht zu diesen wahren στοιχεῖα aller Dinge aufgestiegen wird gemäss dem System des Antisthenes, welchem die allgemeinen Begriffe blosse Namen waren und das Individuelle allein Realität hatte. Von der Idee gilt allerdings nach Platon das von dem ὅλον Gesagte: sie steht über der Summe der einzelnen Dinge, welche an ihr Antheil haben, und bedarf zu ihrem Sein dieser Summe der zu ihr gehörenden Dinge nicht; die Ideen sind die untheilbaren und einfachen Wesenheiten, welche, weit entfernt unerkennbar zu sein, gerade vermöge ihrer Einfachheit ein wahres Wissen ermöglichen.

Doch ist die dritte Theaitetische Definition des Wissens noch genauer zu prüfen, abgesehen von dem Sinne, in welchem sie ihr Urheber genommen hat, und abgesehen von den philosophischen Ansichten, mit welchem sie bei ihm zusammenhängt (in dem II Abschnitte 206 C bis zu Ende). Von den drei möglichen Bedeutungen von λόγος führt uns aber die erste, nach welcher λόγος das Aussprechen der Gedanken vermittelst der ὀνόματα und ῥήματα (der Namen und der „Ausdrücke für Handlungen" vgl. Soph. 262 A) ist, offenbar nicht über die Vorstellung hinaus; jede Aeusserung wäre dann Erklärung, und jeder hätte Erkenntniss, welcher überhaupt der Sprache fähig ist (206 C—E). Die zweite mögliche Fassung von λόγος: Aufzählung der einzelnen Theile eines Dinges, Beschreibung desselben nach seinen Bestandtheilen kommt auf die schon kritisirte

Ansicht des Antisthenes hinaus, nach welcher die Erkenntniss nichts Anderes ist, als die Fähigkeit, einen Gegenstand die seine letzten Bestandtheile aufzulösen, nur dass jetzt diese Ansicht nicht von der dort behaupteten Unerkennbarkeit der στοιχεῖα aus geprüft wird. Die Fähigkeit, die letzten Bestandtheile eines Dinges angeben zu können, reicht nicht einmal aus, um eine richtige Vorstellung zu sichern, da das Gesetz der Verbindung dieser Elemente dabei noch nicht erkannt, eine richtige Zusammenstellung derselben noch nicht verbürgt ist, wenn auch zugegeben werden muss, dass derjenige der Erkenntniss näher ist, welcher nicht blos die wiederum theilbaren Bestandtheile, sondern die letzten Elemente eines Dinges anzugeben weiss. Doch da das Bewusstsein um die richtige Ordnung der einzelnen Elemente noch hinzukommen muss zu dem Wissen von diesen Elementen, um überhaupt nur die richtige Vorstellung zu ermöglichen, so ergiebt sich — da doch nicht jede richtige Vorstellung, wie schon oben gezeigt, Wissen ist —, dass auch diese zweite Bedeutung von λόγος keine neue Bestimmung zur ὀρθὴ δόξα hinzufügt, wodurch diese zur ἐπιστήμη werden könnte (206 E — 208 B). Die dritte Fassung von λόγος endlich, nach welcher es das Wissen des unterscheidenden Merkmals ist, hilft uns ebenfalls nichts, da die richtige Vorstellung eines Gegenstandes überhaupt nicht zu denken ist ohne die Fähigkeit, das, wodurch er sich von allen anderen unterscheidet, aufzufassen. Sagt man aber, um diesem letzten Versuche, den Begriff des Wissens zu finden, aufzuhelfen: mit dem geforderten λόγου προσλαβεῖν zur richtigen Vorstellung sei nicht ein Vorstellen, sondern ein Wissen der διαφορότης gemeint, so bewegt man sich völlig im Cirkel, erklärt *idem per idem.*

Alle angestellten Versuche das Wesen des Wissens zu finden — so schliesst Socrates — sind also fruchtlos geblieben; nur das ist der Gewinn ihrer Mühen, dass sie fortan sich vor der Einbildung hüten werden, als wüssten sie etwas, was sie nicht wissen. —

Wenn ich im Bisherigen den Gedankengang und den philosophischen Gehalt des Theaitetos klar zu legen suchte, so habe ich mich absichtlich darauf beschränkt, den Gang des Gesprächs im Grossen und Ganzen, wie ich ihn auffassen zu müssen glaube, vorzuführen; jede Wendung des Gedankens zu reproduciren, auf alle einzelnen Fragen einzugehen, die künstlerische Vollendung unseres Dialogs — ich denke dabei besonders an die treffliche Characteristik der drei am Gespräche betheiligten Personen — hervorzuheben: das Alles habe ich von meiner Aufgabe ausgeschlossen. Freilich auch an philosophischem Gehalte hätte ich eine reichere Ausbeute gewinnen können, wenn es mir möglich gewesen wäre, das in unserm Dialog zu finden, was Steinhart und Susemihl darin gefunden haben wollen. Beide sehen im Theaitetos eine genetische Entwicklung des Denkprocesses, „den Nachweis, wie Wahrnehmung und Vorstellung sich nach den nothwendigen Gesetzen des Geistes allmählich zum Wissen fortbilden" (Steinhart a. a. O. S. 94), und stellen in Abrede, dass das Resultat unseres Dialogs ein so rein negatives sei, wie es den Anschein habe. Vielmehr „sei in der zuletzt aufgestellten Bedeutung des Wortes λόγος, verbunden mit den in die zweite hineingelegten Hinweisungen, das positive Wesen der Erkenntniss ausgedrückt" (Susemihl a. a. O. S. 207 in wesentlicher Uebereinstimmung mit Hermann, Alberti [zur Dialectik des Platon vom Theaitetos bis zum Parmenides, Leipzig 1856], Steinhart). Zunächst aber setzt sich diese Ansicht in offnen Widerspruch mit Platon selbst, der am Schlusse des Dialogs die Fruchtlosigkeit der Untersuchung von Socrates so entschieden, wie nur möglich, aussprechen lässt. Ferner glaube ich, dass diese ganze Ansicht, nach welcher das Wissen durch immer zunehmende Läuterung und Vergeistigung der Vorstellungen entsteht, nichts Anderes ist, als die reife Frucht der sich entwickelnden niederen intellectuellen Functionen, entschieden als unplatonisch zu bezeichnen ist, und dass der besonders von Steinhart unternommenen Versuch, sie aus dem Theaitetos als Platonisch zu erweisen, nur durch unberechtigtes Hineintragen der vorgefassten Meinungen in Platons Worte scheinbar gelingen konnte. Daher denn bei Steinhart und Susemihl jene Verkennung der so klar vorliegenden Gliederung des Dialogs, auf welche im Bisherigen an verschiedenen Punkten aufmerksem gemacht ist; weil sie den Nachweis der allmählichen Erhebung der Seele über die Sinnlichkeit als den leitenden Gedanken des Dialogs aufzeigen wollen, so sehen sie sich z. B. genöthigt, auf die von Platon selbst als Nebensache bezeichneten Ausführungen des II Abschnittes des ersten Haupttheiles (161 B — 169 D) das Hauptgewicht zu legen, die in Platon's Sinn gegen die Protagoreische Relativität aller Erkenntniss entscheidenden Gründe (170 A—172 B; 177 C—179 B) aber theils als halb scherzhaften Anhang zu betrachten (Steinhart a. a. O. S. 59), theils doch in ganz anderem Sinne zu verwerthen, als Platon selbst. Denn dass deshalb Platon gegen die Protagoreische Erkenntnisstheorie die Urtheile über das Zukünftige geltend mache, „um zu zeigen, wie in der menschlichen Seele mit der momentanen Wahrnehmung ganz unmittelbar schon eine Erhebung der Seele über diesen Moment verbunden sei." (Steinhart a. a. O. S. 58 vgl. Susemihl a. a. O. S. 187), davon findet sich in Platons Worten keine Andeutung; darum vielmehr wird auf diese Urtheile über das Zukünftige hingewiesen, weil in diesen Fällen die zur Gegenwart gewordene Zukunft thatsächlich zu der Anerkennung nöthigt, dass der Eine wahr, der Andere falsch geurtheilt habe. Noch bedenklicher aber, als diese aus den vorgefassten Ansichten hervorgehende, auch an andern Puncten (z. B. bei dem II Abschnitte des II. Haupttheiles 200 D — 201 C. s. Steinhart a. a. O. S. 81. Susemihl a. a. O. S. 199) nachweisbare Verkennung dessen, worauf es Platon ankommt, scheint mir die Neigung dieser beiden Erklärer Platon's zu sein, allerlei aus seinen Worten heraus zu lesen, wovon — wie ich wenigstens überzeugt bin — eine unbefangene Forschung nichts zu entdecken im Stande ist, eine Neigung, welche die Genannten nicht blos bei unserem Dialoge in die Irre geführt hat, sondern sich durch alle ihre Erklärungen Platonischer Dialoge hindurchzieht, so dass die Befürchtung, welche Bonitz a. a. O. ausspricht, „dass bei dieser Art und Weise, Platon zu erklären, leicht Manches aus einer späteren und reicheren Entwicklung der Philosophie in Platon hineingetragen werde," mir in vollem Maasse sich erfüllt zu haben scheint. Wenn zum Beispiel Susemihl durch die Verweisung auf die Erscheinung, dass 6 Bohnen mit 4 Bohnen verglichen mehr, mit 12 verglichen weniger sind, ohne eine Veränderung empfangen zu haben, die Lehre des Protagoras schon erschüttert glaubt, weil, „wenn ich Subject und Object bloss in ihrer verschiedenen Relation auffasse, dadurch der Schein beiderseitiger Veränderung vorgespiegelt wird, der in ihrem Wesen und in ihrer Wahrheit nicht immer begründet ist," während im Gegentheil dieser Hinweis gerade die Protagoreische Leugnung jeder an sich seienden Qualität der Dinge stützen soll, wenn er ferner am Schlusse die beiden Seiten der dialectischen Methode bezeichnet findet, „das Gemeinsame in den Ideen durch die Unterordnung unter den jedesmaligen Oberbegriff zu finden und wiederum durch fortgesetzte Eintheilung sie nach ihren specifischen Merkmalen gegen einander abzugrenzen," oder wenn Steinhart in der Untersuchung über die Begriffe πᾶν und ὅλον ein grosses Gewicht auf den Unterschied der Qualitäts- und Quantitätsbegriffe gelegt findet (a. a. O. S. 89): so heisst doch das in der That, das Gras wachsen hören wollen auch da, wo gar nichts wächst. Doch ich kann es mir hier ersparen, ähnliche Beispiele zusammenzutragen; es würde jedenfalls nicht möglich sein ohne mannigfache Wiederholungen. Auch in wiefern ich in der Gesammtauffassung unseres Dialogs von ihnen abweichen zu müssen glaube, ist schon berührt. Nicht in der Weise scheint mir der Theaitetos eine Begründung der Ideenlehre, dass der allmähliche Uebergang von der sinnlichen Wahrnehmung zur Verstandesreflexion und von dieser zur Vernunfterkenntniss dargestellt würde, wie Susemihl und Steinhart wollen sondern so, dass durch die Betrachtung aller Erkenntnissarten, welche es mit der Sinnenwelt zu thun haben, gezeigt wird, dass das Wissen in ihr überhaupt nicht anzutreffen ist, sondern in das übersinnliche Gebiet hinaufgestiegen werden muss, um es zu finden. Die Position unseres Dialogs liegt daher in jenen mehr gelegentlichen Hindeutungen auf die über der Sinnenwelt stehenden Ideen, wie sie sich an verschiedenen Punkten der Untersuchung, besonders aber in jener grossen Episode 172 C— 177 C finden. Die Centrallehre des Platonismus, dass dem Inhalte des logischen Begriffs, dem einzigen Objecte des Wissens, substantielle Realität zukomme, steht im Hintergrunde der ganzen Untersuchung fest und klar da; aber diese gelegentlichen Seitenblicke auf die Lösung des vorliegenden Problems werden im Verlaufe des Dialogs nicht verwerthet, Tendenz und Resultat desselben sind und bleiben trotz dieser Andeutungen doch immer negativ.

Dagegen beschäftigt sich mit diesem im Theaitetos nur gelegentlich angedeuteten Gebiete des Wissens ausführlich und eingehend derjenige Dialoge, welcher im Eingange ausdrücklich als die am Schlusse des Theaitetos versprochene Fortsetzung der Untersuchung sich zu erkennen giebt, der Sophistes (vgl. Soph. 216 A mit The. 210 D). Doch sehen wir hier den im Theaitetos eingeschlagenen psychologischen Weg gänzlich verlassen; es wird nicht mehr untersucht, wie wir zum Wissen gelangen, sondern als das Gebiet, auf welchem sich der Philosoph bewegt, wird das lichte Reich des Seins hingestellt, während der Sophist sich in das Dunkel des Nichtseins flüchtet (254 A); da aber als der charakteristische Unterschied zwischen dem Philosophen und dem Sophisten das angegeben wird, dass jener das Wissen, dieser das Scheinwissen hat, so ergibt sich, dass mit der Aufstellung dieses wahren Objects des Wissens die ganze im Theaitetos behandelte Frage als gelöst betrachtet wird. Wie wir aber das Sein erfassen — nämlich nicht durch αἴσθησις und δόξα, sondern durch eine von allem Sinnlichen unabhängige geistige Thätigkeit, διὰ λογισμῶν das wird hier nur beiläufig berührt (248 A und 254 A.); ergab es sich doch aus der übersinnlichen Natur des Objects des Wissens von selbst. Denn das Sein, mit dessen Betrachtung es der Philosoph zu thun hat, ist nichts Anderes, als die über allem Sinnlichen und Einzelnen stehenden Begriffe, deren selbstständige Realität hier noch deutlicher vorausgesetzt wird, als im Theaitetos. Die Untersuchungen über die Gemeinschaft der Begriffe untereinander, die offenbar den Kern des Dialogs bilden, haben gar keinen Sinn und keine Bedeutung, wenn ihnen nicht die Voraussetzung zu Grunde liegt, dass dem Inhalte der Begriffe für sich seiende Existenz und daher auch den logischen Verhältnissen unter ihnen ebenfalls reale Bedeutung zukommt, „so dass die logische Frage nach dem Verhältnisse der Begriffe untereinander sofort zur ontologischen über die Gemeinschaft der seienden Dinge wird". Ein ebenso klarer Beweis dafür, dass der Grundgedanke der Ideenlehre dem Dialog zu Grunde liegt, ist die Art und Weise, wie gegen diejenigen polemisirt wird, welche dem Körperlichen allein Realität zuschreiben: aus ihrer Anerkennung der sittlichen Unterschiede wird sogleich geschlossen, dass sie auch die Gerechtigkeit und Ungerechtigkeit als etwas Seiendes, welches der Seele innewohne, anerkennen müssen (246 C ff.). Ebenso konnte Platon nur bei der Voraussetzung, dass der Inhalt des Begriffs selbstständige Realität habe, aus der Annahme von zwei Seienden die Nothwendigkeit folgern, entweder, wenn das Sein ein drittes ausserhalb der beiden angenommenen Seienden sein soll, eine Dreiheit von seienden Principien anzunehmen, oder, wenn das Sein mit einem der beiden vorausgesetzten Seienden identisch sein soll, die Zweiheit in die Einheit übergehen zu lassen (243 D. ff.). Dazu kommt, dass von der Idee der Verschiedenheit, ferner von einem Theilhaben der Dinge an dem Begriffe, einer παρουσία der Gerechtigkeit in der Seele (247 A) gesprochen wird: alles Beweise dass Platon, als er diesen Dialog schrieb, schon zur sicheren Ausbildung seiner Ideenlehre gekommen war, und dass die Unterscheidung zwischen Verstandesbegriffen und Ideen, welche Steinhart verlangt, in dem Dialoge keine Berechtigung findet. So wenig also in Theaitetos die Ideenlehre in der Weise begründet wird, dass der Leser in stufenmässigem Fortschritte von der niedrigsten Art der Erkenntniss zu der Erkenntniss der Ideen hinangeführt würde, ebensowenig findet sich im Sophistes eine Begründung dieser Lehre in dem Sinne, dass aufgezeigt würde, wie Platon dazu kam, dem Was des logischen Begriffs selbstständige Realität zuzuschreiben; vorausgesetzt als den Lesern hinreichend bekannt und als von ihnen anerkannt wird hier wie dort die Platonische Ideenlehre. Aber so wird sie im Sophistes gerechtfertigt, dass sie in ihrer richtigen Fassung — nach welcher die Begriffe untereinander in gegenseitiger Gemeinschaft stehen — als die einzige Lösung der Schwierigkeiten aufgezeigt wird, in welche sich die früheren Philosophen in ihren Bestimmungen über das Seiende verstrickt hatten. Die Lehre von der $\varkappa οινωνία$ $τῶν$ $γενῶν$ erscheint als der eigentliche Kern des Dialogs, welchem gegenüber der übrige Inhalt nur eine mehr veranlassende und vorbereitende Bedeutung hat. Da sich demnach die Haupterörterungen des Sophistes auf einem ganz andern Gebiete bewegen, wie die des Theaitetos, so ist es begreiflich, dass der gegenseitigen Berührungspunkte in beiden Dialogen nicht so viele sind, wie man bei der engen Beziehung, in welche sie durch ausdrückliche Verknüpfung, wie durch die Wahl der Unterredner gebracht sind, erwarten könnte. Dass die Grundanschauung von dem sinnlichen Gebiete, deren von Protagoras zu skeptischen Consequenzen benutztes Extrem der Theaitetos bekämpfte, ohne doch sie selbst zu verwerfen, dass nämlich dies Gebiet dem steten Werden angehöre, nicht dem Sein, dass diese Grundanschauung auch im Sophistes von Platon festgehalten werde, erhellt aus der am Schlusse mehr gelegentlich auftretenden Bemerkung, dass die Erscheinungswelt, mit welcher es die $δόξα$ zu thun habe, das Gebiet der falschen Meinung sei. Geradezu aber wieder aufgenommen und zur Lösung geführt wird im Sophistes das im Theaitetos nur unvollständig aufgehellte Problem, wie überhaupt falsche Vorstellungen möglich seien. Zu diesem Zwecke wird nachgewiesen, dass dem Nichtseienden irgend eine Art von Sein zukomme; wäre es das absolute Nichts, so liesse sich von ihm weder etwas denken noch aussagen, die Möglichkeit des Irrthums wäre aufgehoben. Diese thatsächlich vorhandene Möglichkeit des Irrthums sucht nun Platon zu erklären, das Sein des Nichtseins sucht er zu erweisen durch seine Lehre von der Gemeinschaft der Begriffe. Einige Begriffe schliessen sich gegenseitig aus, andere nicht. Aber selbst die ersteren können durch einen dritten Begriff vermittelt werden. So stehen zwar die Begriffe Ruhe und Bewegung, Identität und Verschiedenheit im Gegensatz zu einander, finden aber im Sein ihre Vermittlung. Die Identität, das Gleichsein des Dinges mit sich selbst, setzt das Verschiedensein von anderen voraus, das Verschiedensein der verschiedenen Dinge das Gleichsein eines jeden mit sich selbst. Ebenso hat das Ruhende als das sich selbst Gleiche Antheil an der Identität und als das vom Bewegten Verschiedene an der Verschiedenheit. In dieser Relativität der Grundbegriffe liegt die Möglichkeit des Denkens und Sprechens, hierin auch die Möglichkeit des Irrthums. Denn jeder Gedanke ist ein Urtheil, das einem Subjecte ein Prädikat beilegt oder abspricht. Spricht man aber ein Prädikat einem Subjecte ab, so sagt man von ihm nur ein relatives Nichtsein, d. h. ein Anderssein aus, da dasselbe Prädikat einem andern Gegenstande wieder als seiend beigelegt werden kann. Ein falsches Urtheil entsteht demnach, wenn man einem Subjecte ein Prädikat beilegt als seiend, welches im Bezug auf jenes nichtseiend, für ein anderes aber seiend ist und umgekehrt. Solche Verwechslungen aber sind nur in Vorstellungen d. h. in Urtheilen aus der Wahrnehmung möglich; wo die Seele durch sich selbst urtheilt, in der Erkenntniss, sind sie nicht möglich. — Auch die Kritik fremder philosophischer Standpunkte, welche der Theaitetos begonnen hatte, wird im Sophistes wieder aufgenommen und ergänzt. Mit gleicher Hochachtung, wie im Theaitetos (183 E), wird Parmenides genannt; aber während dort nur angedeutet war, dass seine Lehre das dem Herakleitischen entgegengesetzte Extrem sei, wird hier die dort noch abgelehnte Kritik der Parmenideischen Setzung eines schlechthin unveränderlichen Seins als des allein Wirklichen gegeben (244—245 D); hing doch von ihrer Widerlegung die Berechtung ab, die Sophistik als die Kunst der Täuschung zu definiren, da alle Täuschung sich auf das Nichtseiende bezieht, dies also als irgend wie seiend nachgewiesen werden musste. Das Sein des Parmenides ist unerkennbar und unaussprechbar, wenn nicht die Namen des „Einen" und des „Seienden," welche zu verknüpfen die Eleaten genöthigt sind, Zeichen der Verschiedenheit der benannten Dinge sein sollen, womit das Eine Sein in zwei zerfallen würde. Ebenso wird hier— wie schon oben erwähnt— eine Widerlegung derjenigen nachgeholt, welche „Alles vom Himmel und von dem Unsichtbaren auf die Erde herabziehend, nur das Körperliche als seiend anerkennen," der Atomisten, die im Theaitetos mit ganz ähnlichen Ausdrücken eingeführt, aber als „ganz roh" einfach abgewiesen waren. Ihnen gegenüber stehen die $εἰδῶν\ φίλοι$, welche als das Sein gewisse denkbare, unkörperliche Idee setzen (246 B), während ihnen das Körperliche in ewigem Werden begriffen ist. Von diesem wahren Sein, mit welchem wir nur durch das Denken in Verbindung stehen (wie durch den Leib mit dem Körperlichen) entfernen sie alle Bewegung; es soll sich auf immer gleiche Weise erhalten ($ἀεὶ\ κατὰ\ ταὐτὰ\ ὡσαύτως\ ἔχειν$). Ihnen weist Platon die Nothwendigkeit nach, auch diesem Sein Bewegung zuzuschreiben. Dass aber die Lehre von der absoluten Bewegung alle Erkenntniss unmöglich mache, das wird hier mit unverkennbarer Zurückweisung auf den Theaitetos, welcher der Herakleitischen Lehre die Aufhebung selbst der Wahrnehmung nachgewiesen hatte, als anerkannt vorausgesetzt (249 B). Die genauere Erörterung aber der Art und

Weise, wie Platon alle diese Widersprüche der früheren philosophischen Systeme zu lösen sucht, ist nicht dieses Ortes, da dadurch auf den Inhalt des Theaitetos kein Licht fällt; nur so weit werden diese Untersuchungen des Sophistes weiter unten noch zu erwägen sein, als sich aus ihnen Merkmale zur Bestimmung der Abfassungszeit dieses Dialogs und daher mittelbar auch des Theaitetos im Verhältniss zu den übrigen Platonischen Dialogen entnehmen lassen. Dasselbe gilt aber auch von dem Gespräche, welches, wie der Sophistes an den Theaitetos, so seinerseits durch ausdrücklichen Anschluss an den Sophistes geknüpft ist, von dem Politikos. Seine Untersuchungen bewegen sich auf so ganz anderen Bahnen, als die des Theaitetos, dass sie uns hier nur in so weit interessiren, als sie auf die Stellung des Politikos in der Reihe der übrigen Platonischen Schriften ein Licht fallen lassen; für Erläuterung der allgemeinen dem Theaitetos zu Grunde liegenden Vorstellungen leisten sie nicht mehr, als alle übrigen Platonischen Schriften, welche in der Zeit der schon ausgebildeten Centrallehre Platons von der substantiellen Realität des Inhaltes der Begriffe entstanden sind.

In einem näheren Verhältnisse aber zum Theaitetos und einzelnen in ihm behandelten Fragen steht der Dialog Kratylos, welcher das Verhältniss der Sprache zur Erkenntniss, zum Wissen, genauer: die damals viel ventilirte Frage behandelt, ob die ὀνόματα, die Benennungen, φύσει oder νόμῳ seien d. h. richtig, nach wahrer Erkenntniss oder bloss nach willkührlicher Uebereinkunft den Dingen beigelegt seien. Im Kratylos handelt es sich um Bekämpfung desselben Gegensatzes, wie im Theaitetos, um Bekämpfung der auf dem Boden des Herakleitismus stehenden Sophistik, welche alle objective Wahrheit umstürzte. Zwar nimmt diese Richtung im Munde des Kratylos zunächst den Schein des vollendetsten Dogmatismus an; der Herakleiteer Kratylos ist es ja, welcher die ὀρθότης τῶν ὀνομάτων behauptet und die Erkenntniss der Wörter als den wahren, ja einzigen

Weg der Erkenntniss überhaupt bezeichnet, während gerade die ihm entgegenstehende Ansicht des Hermogenes, dass die Benennungen nur auf Uebereinkunft beruhen, zu dem absoluten Subjectivismus des Protagoras führt; sind die Dinge nur νόμῳ benannt, so haben sie nicht unabhängig vom Benennenden ihre Namen, jeder beliebige Name erfüllt seinen Zweck, der Mensch ist das Maass wie aller Dinge, so auch der Benennungen. Mit Widerlegung dieses Hauptsatzes des Protagoras beginnt denn auch Socrates die Kritik der Ansicht des Hermogenes. Er weist jenen Satz zurück durch die Erinnerung, dass durch ihn der doch thatsächlich bestehende Unterschied zwischen wahrer und und falscher Rede, zwischen Verständigen und Unverständigen aufgehoben werde, also auf dieselbe Weise, wie im Theaitetos, nur dass in diesem dieser Unterschied nicht einfach vorausgesetzt, sondern erst erwiesen wird. Wie aber die Dinge, — so fährt Socrates in der Widerlegung des Hermogenes fort — ihre eigene, feste Natur haben und nicht so sind, wie sie jedem erscheinen, so sind auch die auf die Dinge bezüglichen Handlungen nach der Natur der Dinge, nicht nach unserm Gutdünken auszuüben; auf naturwidrige Weise lässt sich nichts ausrichten. Auch das Sprechen ist ein Handeln; richtig wird somit nur der sprechen, welcher so und damit die Dinge spricht, wie und womit sie naturgemässer Weise gesagt werden. Dasselbe aber muss von dem Benennen gelten, welches ja nur eine Art der Thätigkeit des Sprechens ist. Das Mittel endlich des Benennens ist der Name; er dient dazu uns zu lehren, wie die Dinge nach ihrem Wesen zu unterscheiden sind. Da nun der Ueberlieferer der ὀνόματα jedenfalls der νόμος, der Gebrauch, die Tradition ist, so lässt sich der Schöpfer der Namen als der νομοτέθης, der Gründer dieses Gebrauchs, bezeichnen. Wer es auch immer gewesen sein mag, — denn auf seine genauere Bestimmung kommt hier nichts an; um den Ursprung der Sprache handelt es sich ja nicht, sondern nur um ihr Verhältniss zur Erkenntniss — wer es auch immer gewesen sein mag, so viel folgt, dass, da der ὀνοματέθης mit dem νομοθέτης identisch ist, das von den ὀνόματα Bewiesene auch von dem νόμος gelten muss; lässt sich von den ersteren zeigen, dass sie φύσει sind, so gilt das auch vom νόμος, und der Gegensatz zwischen φύσει und νόμῳ ist in diesem Falle aufgehoben. Nun aber kann, so wenig wie jeder Beliebige ein Zimmermann ist, sondern nur der, welcher dessen Kunst versteht, ebenso wenig der Erste Beste sich zum ὀνοματουργός schicken, sondern nur der, welcher das ὄργανον des Wortes wirklich zu bilden versteht. Es verhält sich aber mit diesem Werkzeuge des Wortes nicht anders, wie mit allen andern Werkzeugen; wie es für sie ein Urbild, εἶδος, giebt, nach welchem der Künstler die wirklichen Werkzeuge macht, so giebt es auch ein Urbild der Benennung, einen Namen an und für sich, der in den einzelnen Namen ausgeführt werden muss. Diese Idee des Namens also ist Inhalt der φύσις; sofern die ὀνόματα Verleiblichungen der Ideen sind, sind sie φύσει. Ob und wie weit sie es aber sind, das kann nur der beurtheilen, welcher sie gebrauchen soll d. h. der zu fragen und zu antworten versteht, der Dialektiker; beurtheilt doch die Güte eines jeden Werkzeuges derjenige, welcher sich desselben bedient. Hätte Platon hier geschlossen, wir würden nicht auf den Gedanken kommen, dass das bisher Entwickelte nicht seine eigene Meinung sei; hatte er es doch durch den Grundpfeiler seines Systems, die Ideenlehre, gestützt. Wir würden daraus — worauf es uns hier ankommt — verstehen, welche Bedeutung der im Theaitetos freilich nur berührte, nicht weiter verfolgte Hinweis auf das Verstehen der Sprache, wodurch der Satz: ἡ αἴσθησις ἐπιστήμη widerlegt werde, für Platon selbst und seine Schüler haben musste, wenn er sie auf die vorausgegangene Untersuchung des Kratylos verweisen konnte. Wir würden in diesem Hinweis die Mahnung an das Ergebniss der bisherigen Untersuchung des Kratylos erkennen, nach welcher das Verständniss der Sprache darauf beruht, dass die Wörter das Wesen der Dinge — wenn auch nicht vollständig und rein, da das Abbild niemals das Urbild erreichen kann, doch in irgend einem Grade — enthüllen. Aber nicht nur enthält der nun folgende II. Theil des Kratylos in der Anhäufung einer Menge von Namendeutungen, welche unmöglich von Platon ernsthaft gemeint sein können, eine Verspottung des bisher gefundenen Resultates, sondern im III Theile, in dem sich Socrates gegen Kratylos wendet, wird auch dies Resultat ausdrücklich zurückgenommen, so dass wir am Schlusse der Untersuchung über Platon's eigene Meinung scheinbar nicht mehr unterrichtet sind als vor Beginn derselben. Freilich, dass Kratylos bekämpft wird, kann nicht auffallen; schlug doch sein scheinbarer Dogmatismus alsbald in die Leugnung aller Wahrheit, weil in die Leugnung der Möglichkeit des Irrthums, um. Socrates nöthigt ihn, aus seiner Behauptung der ὀρθότης der ὀνόματα, wie er sie verstand, die bisher verschwiegene Folgerung zu ziehen, dass sich überhaupt nichts Falsches sagen lasse. Denn werde ein Gegenstand mit einem Namen benannt, ohne dass er die Eigenschaften habe, welche durch den Namen ausgedrückt werden, so werde er überhaupt nicht benannt; man rede dann gar nicht, sondern töne nur. Falsches sagen heisse ja das Nichtseiende sagen; das aber sei unmöglich.— Anstatt nun aber sich daran genügen zu lassen, diesen Gegner zur Anerkennung von besseren und schlechteren, den bezeichneten Dingen mehr oder weniger ähnlichen Benennungen zu nöthigen, geht Socrates weiter und weist nach, dass nicht weniger die ähnlichen als die unähnlichen Elemente eines Wortes aus Gewohnheit bezeichnend sind, so dass überhaupt die ὀρθότης der ὀνόματα nur Uebereinkunft ist, nicht φύσις; das Ergebniss der Untersuchung hat sich völlig umgekehrt. Doch wie steht es nun mit den Untersuchungen des ersten Theiles? Wenn doch die Ideenlehre, zu welcher sie geführt hatten, nimmermehr durch das schliessliche Resultat wird umgestossen sein sollen, so muss in der Anwendung dieser Ideenlehre auf die Sprache ein Fehler begangen sein. Der Theaitetos lässt ihn uns erkennen. Wenn hier (206 D) gesagt wird, dass λόγος (auch) bedeute: seine eigenen Gedanken wahrnehmbar machen durch die Stimme mit ῥήματα und ὀνόματα, so ist damit erkannt, dass die Rede nur das Denken abbildet, sich auf die διάνοια oder δόξα bezieht, während im I. Theile des Kratylos die Voraussetzung zu Grunde lag, die Idee des Namens erfordere, dass er ein Bild des Wesens der Dinge sei. Aber nur das erfordert die Idee des Namens — so werden wir in Platon's Sinne sagen müssen, — dass er ein Werkzeug der Mittheilung sei, das Gedachte ausdrücke. Nicht in ein Verhältniss zum Dinge selbst ist das Wort als Name des Dinges zu setzen, sondern zum Denken ist es in Beziehung zu bringen. Das Wort ist nur Lautzeichen; wenn es der Mittheilung dient, hat es seinen Zweck erfüllt, ist φύσει, wenn auch in anderem Sinne als Kratylos meinte, und doch zugleich, da Mittheilung und Verstehen auf Uebereinkunft beruht, νόμῳ, aber nicht im Sinne des Hermogenes. Als Mittel der Erkenntniss aber kann das Wort, wenn es auch nicht der individuellen Willkühr angehört, nicht dienen: dies Ergebniss, mit welchem der Kratylos schloss, wenn er uns auch den eigentlichen Grund desselben nur errathen lässt, wird durch die spätere Ergänzung seiner Untersuchungen im Theaitetos nur bestätigt.

Zwischen diese beiden Dialoge also, den Sophistes und den Kratylos, wird der Theaitetos zu stellen sein. Den ersteren ihm unmittelbar folgen zu lassen, weist uns Platon selbst an; dem letzteren glaube ich seinen Platz unmittelbar vor ihm geben zu müssen, weil der Inhalt keines anderen Dialoges dem Theaitetos so nahe steht und ihn so zu seiner Ergänzung erfordert, als eben der des Kratylos. Handelt es sich nun um die Stellung, welche diese Gruppe zusammengehöriger Dialoge in der Reihe der übrigen Platonischen Schriften einnimmt, so scheint mir diejenige Lehre, welche wir als den drei betrachteten Dialogen gemeinsam erkannt haben, der feste Punkt zu sein, von welchem die Untersuchung ausgehen muss: ich meine die Ideenlehre, mit deren Aufstellung Platon den Schritt gethan hatte, der ihn über seinen Lehrer hinausführte, und deren genauere Entwickelung und reichere Entfaltung die treibende Kraft seines Philosophirens war. Diejenigen Dialoge also, in welchen entweder die Ideenlehre ganz fehlt oder in einer weniger entwickelten und reifen Form auftritt, als in den bisher betrachteten, werden diesen vorangegangen sein. Freilich berühre ich hiermit eine Frage, in welcher unter allen Fragen auf dem Gebiete des Platonismus noch am wenigsten eine Einstimmigkeit der Forscher erzielt ist, die Frage, ob die Folge der Platonischen Schriften durch die eigene Entwicklung des Philosophen oder durch methodische Berechnung bedingt sei; hier stehen die Parteien sich fast noch eben so schroff gegenüber, als die ersten und hauptsächlichsten Vertreter der beiden Ansichten: Schleiermacher und C. F. Hermann. Doch die allgemeinen Gründe, welche für die eine oder die andere Ansicht geltend gemacht sind, hier zu erörtern, ist — abgesehen davon, dass sich aus solchen allgemeinen Gründen diese Frage meiner Ansicht nach nie wird entscheiden lassen — um so weniger nöthig, als einerseits die Betrachtung des Theaitetos schon ergeben hat, dass das Zurücktreten der Ideenlehre in ihm nicht in dem Noch-nicht-gelangt-sein des Philosophen zu dieser Lehre, sondern nur in methodischer Berechnung seinen Grund haben kann, andrerseits aber auch Schleiermacher und seine Schule anerkennt, dass den Dialogen, welche diese Lehre enthalten, eine Reihe von Jugendschriften vorangegangen ist, in denen sie vorbereitet wurde: Einen Mittelweg also zwischen den beiden gegenüberstehenden Richtungen einzuschlagen, dazu berechtigt uns einerseits die bisherige Untersuchung, welche gegen Hermann das Vorwalten methodischer Berechnung ergeben hat, andrerseits die auch auf Schleiermacher'scher Seite anerkannte Thatsache, dass die eigene Entwicklung des Philosophen auf die Folge der Platonischen Schriften doch nicht ganz ohne Einfluss geblieben ist. Die Gründe aber, aus welchen im Ganzen mir das Hermann'sche Princip in der Anordnung Platonischer Schriften das richtigere zu sein scheint, mögen erhellen aus dem nun folgenden Versuche, die Entwicklung der Platonischen Dialektik in ihren Grundlinien zu zeichnen, wie aus den Merkmalen, aus denen ich die Stellung der Dialoge, deren nahe Verbindung bisher erkannt ist, näher bestimmen zu können glaube. Diese Betrachtung der allmählichen Ausbildung der Platonischen Dialektik und ihrer Hauptpunkte hat zugleich den Zweck, auf den Inhalt des Theaitetos Licht zu werfen und die oben gegebene Auffassung desselben in einzelnen Punkten zu rechtfertigen.

Eine Reihe kleinerer Platonischer Schriften in die erste Zeit der schriftstellerischen Wirksamkeit Platon's zu setzen, dazu bestimmt uns ausser dem Fehlen der eigenthümlich Platonischen Ideenlehre in ihnen auch ihr rein ethischer Inhalt, sodass in beiderlei Hinsicht diese Dialoge über den Standpunkt des Sokrates' nicht hinausführen. Wie es bei Sokrates nicht blos das Interesse gewesen war, gegenüber der Alles in subjectiven Schein auflösenden Skepsis der Sophisten das Vorhandensein einer allgemein gültigen Wahrheit nachzuweisen, welches ihn zu der Forderung des begrifflichen Wissens als des allein wahren, von den Widersprüchen der sinnlichen Wahrnehmung und Erfahrung freien getrieben hatte, sondern mehr noch das Bestreben, eine unbedingte Norm des sittlichen Handelns an Stelle der gewöhnlichen bewusstlosen Tugend, deren Haltlosigkeit von den Sophisten nachgewiesen war, zu setzen, so trat auch bei Platon das Wissen zuerst ganz in den Dienst der Ethik; sein Werth beruht ihm darauf, dass es über die Widersprüche der gewöhnlichen sittlichen Ansichten erhebt, an Stelle der haltlosen und zufälligen bürgerlichen Tugend die sichere und selbstbewusste philosophische setzt. Auf dem practischen Gebiete finden wir bei Platon schon in den frühesten Gesprächen jene Trennung der Gebiete der δόξα und ἐπιστήμη, welche wir im Theaitetos als auch für das Theoretische nothwendig sich ergeben sahen, und welche ein Hauptsatz der Platonischen Dialektik wurde. So wird schon im Jon (dessen Aechtheit freilich nicht unwichtigen

Bedenken unterliegt) durch die Schilderung der gewöhnlichen Dichter und Redner als gottbegeisterter Männer, die aber doch des Wissens entbehren, anerkannt, dass es zwischen dem wahren Wissen und dem völligen Nichtwissen ein Mittleres giebt, dem sein Werth nicht abzusprechen ist. Wie widerspruchsvoll und über sich selbst unklar aber doch die δόξα ist, deren Haften an der äussern Erscheinung in den ihren Vertretern in den Mund gelegten Definitionen zu Tage tritt, und wie nothwendig es ist, sie zu verlassen und sich zum Wissen zu erheben, das stellen uns Lysis, Charmides und Laches vor Augen, welche das Wesen der Freundschaft, Besonnenheit und Tapferkeit suchen. Der Lysis erhebt sich schon über die Sokratische Art der Untersuchung und erinnert an den Theaitetos, indem er wieder an die von Sokrates so gering geschätzte Naturphilosophie anknüpft, nämlich an die vom Empedokles gelehrte Anziehung des Gleichartigen und an die Herakleitische Lehre von der Befreundung des Entgegengesetzten, welche beide in ihrer Schroffheit sich als unhaltbar erweisen (213 D — 218 C). Einen Schritt weiter in der Ausbildung seiner Dialektik thut Platon im Charmides, wo nicht nur zum ersten Male die bestimmte Unterscheidung von Wahrnehmung, Vorstellung und Wissen sich findet, sondern auch schon angedeutet wird, wie das letztere von den beiden ersteren sich unterscheiden müsse. Wenn nämlich das von Kritias behauptete Wissen des Wissens, wie ihm Theaitetos, verworfen und darauf hingewiesen wird, dass Wahrnehmung und Vorstellung nicht zu denken seien, ohne Beziehung auf ein von ihnen selbst verschiedenes Object, so ergiebt sich für das von ihnen specifisch verschiedene Wissen ebenfalls die Forderung eines besonderen Objectes. Eine ähnliche Hindeutung auf das Wesen des Wissens möchte ich im Laches finden, wo Sokrates die Definition des Kritias, Tapferkeit sei das Wissen des Furchtbaren und Nichtfurchtbaren, darum als ungenügend zurückweist, weil jedes Wissen Gegenwart, Vergangenheit und Zukunft umfassen müsse, die Erkenntniss des in Zukunft Furchtbaren und Nichtfurchtbaren aber von der des an sich Zuträglichen oder Guten abhängig sei; nur das im Wechsel Dauernde, Ewige kann Gegenstand des Wissens sein. Am deutlichsten aber von den Gesprächen der ersten Periode der schriftstellerischen Wirksamkeit Platon's — von welchen wir den Protagoras, die Apologie, den Kriton, den Euthyphron hier übergehen, weil sie uns hinsichtlich unserer Frage nicht weiter führen — am deutlichsten zeigt der Gorgias, welcher als der Abschluss dieser ersten Periode zu betrachten ist, wie Platon auf dem practischen Gebiete zuerst zu denjenigen Bestimmungen geführt wurde, welche er später seiner Dialektik zu Grunde legte. Im Gorgias wird der Gegensatz des Angenehmen, der Lust und des Guten in derselben Weise behandelt (p. 493 D.), wie später der Gegensatz der Wahrnehmung und der Vorstellung einerseits und des Wissens andrerseits. Wie Platon darum die Wahrnehmung und die auf ihrem Grunde sich erhebende Vorstellung nicht als Wissen betrachten kann, weil sie es mit einem immer Fliessenden, in sich Widerspruchsvollen zu thun haben, so wird im Gorgias die Identificirung der Lust mit dem Guten darum verworfen, weil jene ein immer Werdendes und Wechselndes, zugleich Entstehendes und Vergehendes sei. Die Lust hat ihren Gegensatz in sich selbst, da im Augenblicke der Lustempfindung der Schmerz des Bedürfnisses und die Lust der Stillung desselben zusammen fallen, während das Gute von seinem Gegentheile, dem Bösen, schlechthin geschieden ist: Bestimmungen, welche eine Uebertragung auf das theoretische Gebiet augenscheinlich nahe legen. Wie ferner im Theaitetos der aus der Sinnenwelt zur Betrachtung der Idee sich erhebende Weise in den niederen knechtischen Geschäften des gewöhnlichen Lebens unerfahren der Menge zum Gespött dient, so weissagt sich Sokrates im Gorgias den bitteren Hass der grossen Masse, weil er das Gute, nicht das Angenehme zum Ziele seines Wirkens gemacht habe: hier also derselbe unversöhnliche Gegensatz zwischen den beiden Gebieten der Lust und des Guten, wie im Theaitetos zwischen denen der δόξα und der ἐπιστήμη. Und die Lösung dieses Widerspruches der Erscheinung mit dem Wesen wird in den Schlussworten des Gorgias, wie in jener grossen Episode des Theaitetos, in das Leben nach dem Tode verlegt. Aber schon hier ist es nicht sowohl eine äussere Strafe, welche dem Ungerechten die Verkehrtheit der von ihm im Leben verfolgten Richtung beweist, als vielmehr die quälende Disharmonie, welche die Ungerechtigkeit in seiner Seele hervorgerufen hat, und welche nun völlig ausgereift ist; in der Seele des Ungerechten — heisst es im Gorgias — ist schliesslich Alles zerrüttet durch Lüge und Hochmuth, sie ist voll Hässlichkeit und Missverhältniss (p. 525), wie es der Theaitetos als die eigentliche Strafe der Ungerechten im Jenseits bezeichnet, das sie dort ein ihrer Natur ähnliches Leben führen, als Böse im Bösen lebend (177 A). Geradezu vorausgesetzt aber werden die Untersuchungen des Gorgias von jener Stelle des Theaitetos, welche die Identificirung des Wissens und der richtigen Meinung durch die Erinnerung an die Thatsache zurückweist, dass auch die öffentlichen Redner richtige Meinungen hervorzurufen im Stande seien. Dieser Punkt wird im Gorgias einer eingehenden Untersuchung unterworfen. Die Rhetorik — so wird ausgeführt — kann nicht Wissen mittheilen; sie geht ja gar nicht darauf aus, die Menge über die Gegenstände, mit denen sie es zu thun hat, zu belehren und ihre wahre Beschaffenheit aufzudecken, was bei der den Rednern verstatteten kurzen Zeit auch unmöglich wäre (vgl. Gorg. 455 A mit The. 201 A sq.); sondern nur überreden will die Rhetorik; nicht der wahren, nur einer scheinbaren Erkenntniss ihrer Gegenstände bedürfen die Redner, da sie nur den Schein einer solchen den Hörern vorzuspiegeln bestrebt sind. So leicht es ihnen daher einerseits wird, jene dem Gorgias so hoch stehende Fähigkeit zu erlangen, über alles Mögliche sprechen zu können, so treten sie andrerseits eben dadurch auch ganz aus dem Gebiete des Wissens und der Kunst heraus und auf den unsicheren und schwankenden Boden der Meinung. Dieselbe Stellung weist der gewöhnlichen Redekunst derjenige Dialog an, mit welchem eine neue Epoche in der Entwicklung der Platonischen Philosophie beginnt, der Phaidros. Auch hier wird den gewöhnlichen Rednern entschieden abgesprochen, dass sie ein wirkliches Wissen des Gerechten und Ungerechten haben, da sie nur überreden wollen, Ueberredung aber nicht durch die Wahrheit, sondern durch den Schein der Wahrheit bewirkt wird. Doch wird hier auch anerkannt, dass die Redekunst nicht unter allen Umständen verderblich wirken müsse, sondern in den Dienst der Philosophie treten, sich mit dem Wissen verbünden könne; sie steht, wie im Theaitetos, auf dem Standpunkte der $\delta\acute{o}\xi\alpha$, in der Mitte zwischen Wissen und Nichtwissen. Der für die Platonische Philosophie epochemachende Schritt aber, der im Phaidros gethan wird, ist der, dass hier zum ersten Male die von Sokrates gestellte Forderung begrifflichen Wissens, welches das den wechselnden, bald so, bald so der Wahrnehmung sich darbietenden Einzelerscheinungen zu Grunde liegende, unveränderliche, sich selbst gleiche Wesen erfasst, zu dem Gegensatze einer Welt des Scheins und einer über ihr liegenden Welt des Seins verkörpert wird. Diesen Schritt aber thut Platon so, dass die Unfähigkeit, die eben erlangte Erkenntniss in wissenschaftlicher Form auszusprechen, hervortritt im Mythus; diese Form weist dem Phaidros unter den Dialogen, welche die Ideenlehre enthalten, die erste Stelle an; durch ihn wird diese Lehre eingeführt. Die Grundgedanken der Platonischen Dialektik, welche sich in den späteren Dialogen immer wiederholen, sind alle schon hier zu finden. Das gestalt- und stofflose, wahrhaft seiende Wesen am überhimmlischen Orte, wie hier in mythischer Form der in ewigen Treue sich selbst gleiche Inhalt des Begriffes beschrieben wird, wird nur geschaut durch die Vernunft, der Seele Führerin. Da nur sie es mit dem wahrhaft Seienden zu thun hat, so ergibt sich, dass die Dinge, welche wir die wirklichen nennen, des wahren Seins entbehren, wie ja auch im Theaitetos der Wahrnehmung, durch welche wir dieser Dinge inne werden, abgesprochen war, dass sie „des Seins theilhaftig" werde. Wie wir aber zum Wissen kommen, das ist im Phaidros angedeutet in jener schönen Schilderung der durch ein Abbild der Schönheit an sich in Unruhe versetzen, nach dem einst geschauten Urbilde sich sehnenden Seele, deren fieberhafte Aufregung beim Anblicke eines abbildlich Schönen an die Wehen erinnert, welche Theaitetos empfindet, ehe ihm die geistige Entbindungskunst des Sokrates zu Hülfe gekommen ist. Durch den Phaidros also empfangen wir eine Antwort auf die Frage, woher der Keim des Wissens komme, der im Theaitetos vorausgesetzt wird, und welchen Sokrates bei seinen Mitunterrednern an's Licht zu fördern strebt: es ist die einst geschaute Idee, deren Erinnerung, wenn auch verdunkelt und getrübt, in unserer Seele ruht. — Dieselbe Antwort giebt der nach dem Phaidros zu setzende Menon, in welchen die Möglichkeit des Lernens erklärt wird, durch die von den Priestern vernommene Sage (p. 81 ff.) „dass die Seele in einem frühern Leben schon Alles geschaut habe und nur daran erinnert zu werden brauche, um Alles selbst aufzufinden, da die ganze Natur unter sich verwandt ist, eine Erzählung, welche „die Ideenlehre voraussetzt; denn nicht Einzelerscheinungen, woran man bei der mythischen Darstellungsweise denken könnte, sondern nur die Ideen, „die Wahrheit von Allem, was ist", (86 A) können die Seele befähigen, Alles selbst aufzufinden. Klarer, weil nicht mehr in mytischer Form, legt sich der neue errungene Standpunkt im Symposion dar. Hier bezeichnet Platon zunächst bestimmter, als bisher, die Sinnenwelt als das Werdende, Wachsende und Abnehmende, und spricht es aus, dass er eben deshalb, weil er für dies Gebiet den Herakleitischen Grundsatz des ununterbrochenen Werdens anerkennen musste, dasselbe der vernünftigen Erkenntniss ganz entnahm, ein Beweis, wie tiefen Eindruck auf ihn die von der Eleatischen Philosophie gegen das Werden erhobenen Einwendungen gemacht hatten. Ebenso ferner, wie im Theaitetos, wird im Symposion die Relativität der Eigenschaften der Einzeldinge geltend gemacht, um sie als unfähig zu erweisen, Object des Wissens zu sein. „Dass Schöne an sich — heisst es — ist nicht ein in einer Beziehung Schönes, in anderer Beziehung Hässliches, noch im Vergleich mit diesem Schönes, im Vergleich mit jenem Hässliches": dieselben Schwierigkeiten also werden von den Ideen entfernt, welche Protagoras im Theaitetos (p. 154) für die Subjectivität aller Erkenntniss geltend macht und welche Platon im Betreff der Einzeldinge nicht zu lösen vermochte. Dass diese Verlegenheit auf einer Ueberschätzung logischer Formen beruht, welche die Beziehungen unserer Vorstellungen für wirkliche Eigenschaften der Dinge nimmt, ist schon oben bemerkt. Wir finden sie — um dies zur Vermeidung von Wiederholungen vorweg zu nehmen — in den constructiven Dialogen mehrfach wieder, auch da, wo Platon über diesen Punkt sich in ganz lehrhafter Weise auslässt, zum sicheren Beweise, dass die im Theaitetos dem Protagoras in den Mund gelegten betreffenden Ausführungen nicht etwa von Platon selbst als sophistische Trugschlüsse angesehen sein können. So wird im Phaidros (102 B), darauf aufmerksam gemacht, dass dem Simmias entgegengesetzte Prädicate zukommen, da er ja grösser als Sokrates, aber kleiner als Phaidon sei, während die Idee der Grösse und Kleinheit niemals zugleich das Entgegengesetzte sein könne. Nicht anders urtheilt der Staat, welcher die Erkenntniss-Theorie Platon's in vollster Klarheit entwickelt; z. B. 479 B, wo das viele Schöne, Gerechte, Doppelte, weil es in andrer Beziehung zugleich ein Hässliches, Ungerechtes, Halbes ist, als das bezeichnet wird, was eben sowohl ist, als nicht ist, und von dem man daher nichts genau und bestimmt denken kann, ferner 523 f. wo der vermeintliche Widerspruch, dass Einiges in einer Beziehung als klein, in andrer als gross erscheint, für die Vernunft die Aufforderung wird, das Grosse und Kleine gesondert als Idee zu setzen. Auch das erscheint Platon als ein Widerspruch in den Dingen, dass ihre Prädicate wechseln, dass sie zu einer Zeit eine Eigenschaft haben, welche sie zu einer andern nicht haben. Das Urschöne ist nicht jetzt schön, zu einer andern Zeit aber nicht (Symp. 211), während (nach Phäedr. 103) „aus den entgegengesetzten Dingen immer das Entgegengesetzte wird," vermeintliche Widersprüche, wegen deren die Naturphilosophie, die es mit diesem Widerspruchsvollen, weil stets Werdenden, zu thun hat, überhaupt hintenangesetzt wird. Die Reflexion, dass bei den Urtheilen, dass dasselbe Ding jetzt bestimmte Prädicate habe, zu einer andern Zeit nicht habe, von einen Widerspruche nicht die Rede sein kann, da das zweite Urtheil durch die Verschiedenheit der Zeitpunkte in affirmativer Form ein anderes ist und darum auch nicht in negativer Form den contradictorischen Gegensatz des ersten bilden kann, diese Reflexion, wie überhaupt die Unterscheidung zwischen conträrem und contradictorischen Gegensatze liegt Platon noch fern; weil er conträre Gegensätze in den sinnlichen Dingen bemerkte, glaubte er ihnen auch contradictorische zuschreiben zu müssen.

Diesem Sinnengebiete gegenüber, von dem ein Wissen nicht möglich ist, wird nun das Object des philosophischen Strebens im Symposion als von allem Körperlichen frei beschrieben; es ist nicht in einem Anderen, nicht auf Erden, nicht im Himmel, es ist auch kein blos subjectiver Begriff ($\lambda \acute{o} \gamma o \varsigma$) oder ein Wissen, sondern es existirt an und für sich, substantiell. Die Substantiirung des Inhaltes des Begriffes, welche im Phaidros und Menon noch in mythischer Form dargestellt war, sodass es zweifelhaft bleiben konnte, was zur dichterischen Schale, was zum philosophischen Kerne zu rechnen sei, sie wird also im Symposion ganz dogmatisch und lehrhaft ausgesprochen, und der Idee werden Prädicate gegeben, über welche diejenigen Dialoge, welche man meistens als die Höhepunkte der Platonischen Philosophie ansieht, der Phaidon und der Staat, nur insofern hinausgehen, als sie die Ideen als Zwecke, und daher auch als die wahren Gründe der Dinge, welche die Naturphilosophie nicht aufzuzeigen vermochte (Phaed. 98), betrachten. Dieser

Gesichtspunkt, der besonders im Staate bei Betrachtung der Idee des Guten hervortritt, ist es, von welchem aus im Theaitetos die Ideen der Gerechtigkeit und Ungerechtigkeit παραδείγματα genannt waren. Doch gehört die Erörterung dieser aus der teleologischen Weltanschauung Platon's hervorgegangneen Betrachtungsweise der Ideen nicht in eine Darstellung der Platonischen Dialektik, sondern der Platonischen Ethik.

Was das gegenseitige Versältniss des Meinens und des Wissens anbetrifft, so werden die mehr gelegentlichen Andeutungen darüber in den früheren ethischen Gesprächen schon im Menon durch klare Bestimmungen bestätigt. Die gewöhnliche bürgerliche Tugend — so ergiebt hier die Untersuchung — ist nicht lehrbar, kann also kein Wissen sein, sondern muss der richtigen Meinung angehören. Dass beide verschieden sind, das wird mit der grössten Sicherheit ausgesprochen und zu dem Wenigen gerechnet, was Sokrates wirklich weiss. Auch worin ihr Unterchied bestehe, wird schon bestimmt. Die richtige Vorstellung trifft zwar das Richtige, aber sie entschwindet bald wieder, „flüchtig wie die Bildwerke des Dädalus" (p. 97); sie muss gebunden werden αἰτίας λογισμῷ, welches geschieht durch die Erinnerung an die im früheren Leben geschaute Idee; diese ist das Band, welches die flüchtigen Einzelerscheinungen zusammenhält, in die wirre Mannigfaltigkeit der Sinnenwelt Einheit und Ordnung bringt und so die Vorstellungen zu Erkenntnissen erhebt. Dass damit die Antwort auf die im Theaitetos behandelte Frage im Wesentlichen schon gegeben ist, ist freilich klar; aber daraus folgt nicht, dass der Theaitetos vor den Menon gestellt werden müsse (Schleiermacher). Was sich Platon' als Thatsache aufdrängte zunächst auf dem practischen Gebiete, wo sein Grundsatz, dass Tugend Wissen und als solches lehrbar sein müsse, ihn zu der Unterscheidung zwischen der bürgerlichen, nicht lehrbaren und der philosophischen Tugend zwang, wenn er nicht mit der Erfahrung in unversöhnlichen Widerspruch gerathen wollte, und dann auf dem Gebiete des Erkennens, wo das gewöhnliche Bewusstsein ebenso wenig den Anforderungen, die er an das Wissen stellte, entsprach, ohne dass ihm doch alle Berechtigung abzusprechen war: das konnte er viel früher als aus seinen Principien nothwendig sich ergebende Forderungen aussprechen, ehe er sich veranlasst fand, die Unmöglichkeit, diese Fragen anders zu beantworten, als er es gethan, durch vollständige und erschöpfende Kritik gegnerischer Standpunkte zu erweisen. Die Entwicklung seiner Erkenntnisstheorie, deren Grundbestimmungen ja freilich im Menon schon alle vorliegen, setzt eine solche Kritik gegnerischer Ansichten keineswegs voraus; sie ergab sich von dem Platon' feststehenden Grundsatz aus, dass unserer Erkenntniss nur so viel Wahrheit zukomme, als ihren Objecten Wirklichkeit. Kann nur das Seiende wahrhaft erkannt werden, ist das Nichtseiende schlechthin undenkbar (The. 188 D), so muss der zwischen dem schlechthin Wirklichen und dem schlechthin Nichtwirklichen in der Mitte liegenden Sinnenwelt eine solche Weise des Erkennens entsprechen, die zwischen Wissen und Nichtwissen in der Mitte steht, die Vorstellung. Mit der immer bestimmteren Trennung der Beiden Gebiete des festen, unveränderlichen Seins und der flüchtigen Erscheinung geht daher die immer bestimmtere Aufstellung des Unterschiedes zwischen ἐπιστήμη und δόξα Hand in Hand. Als des Beweises nicht mehr bedürftig erscheint sie zugleich mit der vorhin berührten Aufzeigung des Unterschiedes ihrer Objecte im Symposion, wo (202 A) das richtige Meinen, wie im Menon, dadurch von der ἐπιστήμῃ unterschieden wird, dass es nicht Rechenschaft zu geben im Stande, dass es ein ἄλογον πρᾶγμα sei, und zum ersten Male der Ausdruck gebraucht wird: es liege zwischen der σοφία und ἀμαθία in der Mitte. Der Staat bringt auch über diese Frage von dem Verhältniss des Wissens und Meinens. wie über die Art, wie beide zu Stande kommen, die eingehendsten Erörterungen. Da sich die Erkenntniss — so wird lib. V, c. 19—22 ausgeführt—auf das vollendete Sein bezieht, die Unkenntniss auf das Nichtseiende, so muss die Vorstellung sich auf das am Sein, wie am Nichtsein Antheil, seinen Widerspruch in sich habende Werdende beziehen und darum fehlbar sein; während das Wissen sich auf das Eine richtet, auf die sich selbst gleiche Idee, haftet die Vorstellung an den vielen Einzelerscheinungen, dunkler zwar als die Erkenntniss, heller aber als die Unkenntniss. Und weil sich beide auf verschiedene Objecte beziehen, müssen sie auch auf verschiedenen Kräften beruhen, welche eine völlig verschiedene Wirksamkeit üben. Diese verschiedenen Arten der intellectuellen Thäthigkeit werden Rep. VI, c. 20—21 beschrieben. Wie die beiden Sphären derselben, das νοητὸν γένος und das ὅρατον γένος, wiederum in 2 Theile getheilt werden, einerseits in die ἰδέαι und die μαϑηματικά, andrerseits in die σώματα und εἰκόνες, so auch dem entsprechend die vernünftige Erkenntniss und die Meinung; die letztere, je nach dem sie sich entweder auf Anschauung von Bildern oder auf Wahrnehmung wirklicher Gegenstände gründet, in εἰκασία und πίσιτις, die erstere in διάνοια und in ἐπιστήμη, je nachdem sie nur die in Zahlen und geometrischen Figuren enthaltenen sinnlichen Bilder der Ideen erkennt, ohne bis auf die letzten Gründe zurückzugehen, oder die Ideen selbst schaut und aus ihnen vermittelst der Dialektik alle Erkenntniss ableitet. Freilich ist diese Theilung hinsichtlich des ὁρατὸν γένος so künstlich und gewaltsam, dass man sie nur aus dem Wunsche erklären kann, eine Parallele zu der Theilung des νοητὸν γένος zu haben; sie erscheint auch nur im Staate. Dass wir aber vermittelst verschiedener Organe der Seele jedes der beiden Gebiete erfassen, das wird durchgängig festgehalten. Schon im Phaidros war es der νοῦς allein, der zum Schauen des Seien befähigt; der Körper ist nach dem Phaidon zur Erlangung der ἐπιστήμη nur hinderlich; Gesicht und Gehör gaukeln uns Trugbilder vor, nur dann gelangt die Seele zur Wahrheit, wenn sie die Verbindung mit dem Körper so viel wie möglich löst und ohne seine Theilnahme, ausser Berührung mit ihm dem wahrhaft Seienden nachjagt. Daher ist das Streben des Philosophen gerichtet auf das

Sterben, d. h. die Trennung der Seele vom Körper; und nicht eher wird er völlig zu seinem Ziele gelangen, als bis der Tod des Leibes diese Trennung völlig durchgeführt hat. Es widerspricht dem hier so schroff hervortretenden dualistischen Geiste der Platonischen Philosophie durchaus, wenn Steinhart und Susemihl, wie oben bemerkt, dem Theaitetos die Aufgabe vindiciren, durchzuführen, wie sich Wahrnehmen und Vorstelllen allmählich zum Wissen fortbilden. Das Wissen stammt nach Platon aus einer anderen höheren Quelle, als Wahrnehmen und Vorstellen; das Erwachen dieser höheren Kraft kann wohl durch jene veranlasst werden, aber sie ist nicht, wie es nach Steinhart's Ausführung sich darstellt, die durch Ausbildung und Läuterung der untergeordneten intellectuellen Functionen erzeugte Blüthe derselben. Die Sinneswahrnehmungen dienen freilich nach Phaed. 74 dazu, uns an die Idee, deren Abbilder die sinnliche Dinge sind, zu erinnern, aber nicht so, als ob sie allein im Stande wären, durch Reflexion auf die wesentlichen, durch Abtsraction von den unwesentlichen Merkmalen uns zur Erkenntniss der Idee zu führen. Das wird vielmehr als unmöglich bezeichnet, da das durch die Betrachtung der sinnlichen Dinge veranlasste Innewerden der Idee immer von dem Bewusstsein begleitet sei, dass die Dinge nur sehr mangelhafte Abbilder der Ideen seien. Nur weil wir die Idee schon geschaut haben, werden wir ihrer inne; nicht auf Verfeinerung und Ausbildung der Wahrnehmung und Vorstellung kommt es an, sondern auf Erweckung und Benutzung einer schlummernden höhern Kraft, auf Aneignung eines ruhenden Besitzes. Auch der Anfang des VII Buches des Staats, jener Vergleich der auf dem Standpunkte des gewöhnlichen Bewusstseins Stehenden mit Menschen, die in dunkler Höhle festgehalten nur die Schatten der Dinge erblicken, enthält nur scheinbar eine andere Anschauung. Allerdings wird hier die Erhebung zur Erkenntniss des Seienden, der Ideen, als nur durch allmählichen Fortschritt von der niederen zur höheren Erkenntniss möglich dargestellt, wie die aus der Höhle

ans Tageslicht Geführten nicht sofort die Sonne selbst sehen
können, sondern durch voraufgehende Betrachtung zuerst der
Schatten und Abbilder der von der Sonne erhellten Dinge, dann
der Dinge selbst sich an den Glanz der Sonne gewöhnen müssen. Aber die Kunst, vom Werdenden die Seele abzuführen
zum Anschauen des Seienden, ist eine „Kunst der Umlenkung"
($\pi\varepsilon\rho\iota\alpha\gamma\omega\gamma\tilde{\eta}\varsigma$). Nicht ein ununterbrochener Fortschritt also ist es,
durch den wir vom Wahrnehmen und Vorstellen zum Wissen
gelangen, nicht damit ist es gethan, dass wir uns erheben
über die augenblickliche Empfindung durch Erinnerung an die
Vergangenheit und Vorausberechnung des Zukünftigen bis zur
reflectirenden Thätigkeit des Verstandes, wie Steinhart will,
um das negative Resultat des Theaitetos in ein positives verwandeln zu können, sondern auf ein anderes Object die Seele zu
richten, darauf kommt es an. Der Fortschritt besteht darin,
dass immer höhere Objecte der intellectuellen Thätigkeit dargeboten werden; in diesen verschiedenen Objecten liegt das
tertium comparationis des Vergleichs; dass sie mit verschiedenen Organen der Seele erfasst werden, darauf kam es hier
nicht an. Bestätigt wird ferner das bisher gefundene Resultat
durch die Beschreibung des Weges, auf welchem die künftigen
Herrscher zur Erkenntniss geführt werden sollen. Nicht auf die
Ausbildung und Läuterung der niederen intellectuellen Functionen, sondern auf die Beschäftigung mit solchen Objecten werden sie gewiesen, welche geeignet sind, die ruhende Kraft der
Vernunft zu wecken und zur Betrachtung des Seienden zu veranlassen. Diejenigen Wahrnehmungen — so heisst es p. 523 —
sind ein Leitungsmittel zu dem Lichte des Seienden, welche
durch die sich ihnen darstellenden Widersprüche die Vernunft
zur Thätigkeit auffordern, „weil die Wahrnehmung hier nichts
Gesundes ausrichtet." Und nun werden die schon oben berührten an den Sinnendingen haftenden vermeintlichen Widersprüche
angeführt, dass dasselbe Ding bald gross, bald klein erscheine,
je nachdem es mit diesem oder jenem verglichen werde, und

dass es bald gewisse Prädicate habe, bald nicht habe. So wird denn die Vernunft genöthigt, das als Eins wahrgenommene Entgegengesetzte als zweierlei zu setzen; dasselbe Ding sehen wir als Eins und doch als unendlich Vieles. Wie aber die Eins, so hat die gesammte Zahl diese Widersprüche an sich. Darum ist die Arithmetik ein vorzügliches Mittel die Vernunft zu wecken und zur Erkenntniss des widerspruchslosen Seins zu veranlassen. Allerdings fehlt es nun auch nicht an Stellen, welche zeigen, dass die Sinnenwelt bei Platon nicht bloss das negative, gegensätzliche Verhältniss zu der Welt des wahren Seins hat, welches wir bisher betrachtet haben; auch die andere Seite hebt Platon hervor, dass die sinnlichen Dinge an den Ideen Theil haben, Abbilder derselben sind. Wird doch im Phaidros und Symposion das sehnsüchtige Verlangen nach der einst geschauten Idee der Schönheit geweckt durch den Anblick der schönen Körper, erhebt sich doch der ἔρως; (nach Symp. 210) allmählich von dem einzelnen sinnlich-Schönen zur Gestaltenschönheit überhaupt, (τὸ ἐπ' εἴδη καλόν), von da zur Schönheit der Bestrebungen und Wissenschaften, auf diesen Vorstufen gelangt er endlich zur reinen unveränderlichen Schönheit, zur Idee. Aber als wie nothwendig diese ἀναβαθμοί auch dargestellt sein mögen: immerhin ist der eigentliche Gegenstand des ἔρως von Anfang an das Urschöne; ruhte nicht die Erinnerung an die Idee schon in uns, so würden die schönen Körper und Bestrebungen und Wissenschaften niemals zu ihr hinanführen. Beide Betrachtungsweisen der Sinnenwelt, jene erste, nach welcher sie nur durch ihre Widersprüche für die Vernunft die Veranlassung wird, über sie hinauszusteigen zur Welt des wahren Seins, und diese zweite, welche in den Sinnendingen Abbilder der Ideen sieht, sind Platon so wenig widersprechend, dass er im Phaidon beide verbindet. Einerseits ergeht hier (64 ff.) die Forderung an den Philosophen, von aller sinnlichen Hülfe sich frei zu machen, andrerseits wird anerkannt (75), dass nur durch die Wahrnehmung der sinnlichen Dinge, welche den Ideen ähnlich sind, zu diesen aufgestiegen werden kann. Was für den Anfang nothwendig, das ist für den Fortschritt der Erkenntniss hinderlich.

Die Seite der Sinnenwelt, nach welcher sie ein Abbild der Ideenwelt ist, ist es, aus welcher die schon oben, bei der Betrachtung des Theaitetos, gegebene Antwort auf die Frage zu entnehmen ist, wodurch denn für Platon das Zustandekommen der Wahrnehmung ermöglicht werde, wenn er doch einerseits selbst die von Protagoras im Theaitetos entwickelte Theorie von der Wahrnehmung, deren Grundgedanken auch Tim. 45 ff. 84 ff. entwickelt werden, anerkannt hat, andrerseits dem Protagoras eben dort nachweist, dass bei der absoluten Bewegung, in welcher sich nach Protagoras Subject und Object stetig befinden, eine Wahrnehmung gar nicht zu Stande kommen könne. Hat die Welt des Werdens, was ihr an Wirklichkeit zukommt, nur dadurch, dass sie an der Idee Theil hat, so wird sie auch nur darum und nur insofern der Wahrnehmung zugänglich sein, weil und inwiefern sie von den Ideen nicht verlassen ist; wäre sie es, so würde sie, da den Ideen alle Realität zukommt, als das schlechthin Nichtseiende weder erkannt, noch vorgestellt, noch wahrgenommen werden können. Das Gebiet des Werdens ist nur darum ein Gegenstand irgend einer Art intellectueller Thätigkeit, weil es am Sein Theil hat; das Werden an sich ist unerklärlich und unfasslich.

Freilich sind damit die Schwierigkeiten, welche sich von Platon's eigenen Principien aus wie gegen die Wahrnehmung, so gegen das Dasein einer sinnlichen Welt überhaupt ergeben, keineswegs beseitigt. Sofern der Wahrnehmung und Vorstellung überhaupt Wahrheit zukommt, beziehen sie sich auf die Idee, wie die Erkenntniss; worauf aber beziehen sie sich denn, sofern sie von der Erkenntniss verschieden sind? Woher jene Trübung der Ideen, welche die Wahrnehmung und Vorstellung zu dem macht, was sie sind? Der Versuch (bei Ritter), diese Frage so zu lösen, dass Platon die Welt der Erscheinung nur für eine verworrene Vorstellungsweise der Ideen gehalten habe, welche aus der Vermischung derselben hervorgegangen sei, scheitert sowohl an dem Fehlen jeder Andeutung darüber, wie Platon sich die Möglichkeit solcher Vermischung der Ideen in der Auffassung des Subjects gedacht habe, wie an der nicht zu bestreitenden Thatsache, dass er nicht das körperliche Dasein aus der Vorstellung, sondern die Vorstellung aus der Beschaffenheit des sinnlichen Daseins ableitete: durch Verbindung der Seele mit dem Körper ist der Seele die Erkenntniss der Ideen entschwunden und nur durch Losreissung von ihm erlangt sie sie wieder; das sinnliche Dasein also wird vorausgesetzt, um die Vorstellung zu erklären. Und auch die letzte Antwort, welche Platon auf die Frage giebt, wie das Sinnliche in seinem Gegensatze zur Idee und somit auch die $αἴσθησις$ und die $δόξα$ in ihrem Unterschiede von der $ἐπιστήμη$ zu denken sei, ist nicht geeignet, die Verlegenheit zu heben; es ist die Aufstellung der $ἀπειρία$ oder des $ἄπειρον$ im Philebos (16 C; 23 f.) und des alles Werdende Aufnehmenden im Timaios (48 ff.), das weder erkannt noch wahrgenommen werden kann und nur durch eine Art unächter Schlussfolgerung ($λογισμῷ τινι νόθῳ$ Tim. 52 A) erfasst wird, die Negation der in den Ideen gesetzten Realität, welche die Ursache alles dessen ist, wodurch sich die Sinnenwelt von der Welt der Ideen unterscheidet. Doch wie ist die Vorstellung eines solchen den Ideen entgegengesetzten Princips möglich, da es doch das schlechthin Nichtseiende sein muss? Wie kann dies Nichtseiende das im Wechsel der sinnlichen Formen und Stoffe sich Erhaltende sein, während ihm doch geringere Realität zukommen müsste als den einzelnen Sinnendingen?

Doch die weitere Erörterung dieser Fragen geht über mein Thema hinaus; nur so weit war die Dialektik Platon's hier darzulegen, dass einerseits klar werde, welche positiven Anschauungen dem negativen Resultate des Theaitetos zu Grunde liegen, andrerseits erhelle, wie die allmähliche Entwicklung der

Erkenntniss-Theorie des Platon und demzufolge auch die Reihenfolge seiner Schriften im Grossen und Ganzen nach meiner Ansicht zu denken sei. Fragen wir uns nun, ob der Inhalt des Theaitetos nöthige, ihn vor den Abschluss der im Bisherigen entworfenen Entwicklung zu setzen, also ihm seine Stellung zwar **nach** den ethischen Jugendschriften, aber **vor** den sogenannten constructiven Dialogen, welche die dialektischen Principien Platons klar und sicher entwickeln, anzuweisen: so fällt, wie schon bemerkt, mit der Anerkennung, dass das Zurücktreten der Ideenlehre im Theaitetos nur auf wissenschaftlicher Berechnung, nicht auf dem noch unentwickelten philosophischen Standpunkte des Verfassers beruhen kann, der Grund weg, welcher C. F. Hermann und seine Schüler bestimmt hat, dem Theaitetos die besagte Stellung zu geben. Vielmehr setzt die Art und Weise, wie im Theaitetos auf die Ideenlehre als auf die einzige Lösung des Problems hingewiesen wird, woraus, dass diese Lehre nicht nur dem Verfasser selbst schon feststand, sondern von ihm auch schon schriftlich behandelt war; denn nur solchen, die mit dieser Lehre schon bekannt waren, konnten die Hindeutungen darauf verständlich sein, welche im Theaitetos vorkommen. Aber steht es vielleicht so, wie Schleiermacher und seine Anhänger, auch Zeller, wollen, dass nämlich zwar eine vorläufige Hinweisung auf das Ziel der Untersuchung im Phaidros vorangegangen sei, dann aber der Theaitetos gefolgt sei, um durch Widerlegung der gegnerischen Ansichten den Platz vom Schutte zu reinigen, auf welchem sich das neue Gebäude erheben sollte? Auch diese Ansicht scheint mir, schon wenn wir den Theaitetos für sich allein betrachten und von seiner durch Platon selbst hergestellten engen Verknüpfung mit dem Sophistes und Politikos noch absehen, die Wahrscheinlichkeit nicht für sich zu haben. Die Ueberzeugung, dass die Sinnenwelt, weil in stetem Werden begriffen und demgemäss voller Widersprüche, nicht das Object des Wissens sein könne, stand Platon', wie sowohl aus dem bestimmten Zeugnisse des

Aristoteles (Metaph. I. 6.), wie aus den analogen Bestimmungen der ethischen Dialoge erhellt, von Anfang an so fest, dass er es, als er in den Ideen das einzig sichere und genügende Object der Erkenntniss gefunden zu haben glaubte, kaum für seine erste Aufgabe halten konnte, diese Ueberzeugung durch eine eingehende Kritik des gewöhnlichen Bewusstseins, welches über die Sinnenwelt nicht hinauskam, als richtig zu erweisen. Ist es natürlich anzunehmen, dass Platon, als er durch Annahme eines objectiven Correlates des Begriffes die durch die Sophistik zweifelhaft gewordene Möglichkeit des Wissens gerettet zu haben glaubte, noch einmal meinte nachweisen zu müssen, was aus seiner bisherigen Polemik gegen das gewöhnliche Bewusstsein schon genugsam erhellte? Ich glaube nicht; vielmehr wird er sich zunächst auf Entwicklung der ihm aufgegangenen neuen Erkenntniss geworfen haben, was ihm ja überdies hinreichende Gelegenheit bieten musste und geboten hat, die Gründe darzulegen, aus welchen er das Gebiet des gewöhnlichen Bewusstseins, die Sinnenwelt, für unfähig hielt, Object der Erkenntniss zu sein. Erst dann war für eine so erschöpfende Kritik des gewöhnlichen Bewusstseins von ihrer rohesten bis zu ihrer feinsten Form, wie sie im Theaitetos gegeben ist, genügende Veranlassung, als die schon entwickelte Ideenlehre gegen die Angriffe der auf dem Standpunkte des gewöhnlichen Bewusstseins Verharrenden zu vertheidigen war: nun erst konnte es dem Philosophen nahe liegen, durch eine erschöpfende Kritik dieses Standpunktes zu zeigen, dass es schlechterdings keine andere Möglichkeit gebe, zum Wissen zugelangen, als durch völliges Verlassen der sinnlichen Welt. Dieser **indirecte** Beweis für die Nothwendigkeit, die Gegenstände wirklicher Erkenntniss und Wissenschaft in einer über dem Sinnengebiet stehenden zweiten Reihe unwandelbarer Wesenheiten zu suchen, konnte naturgemäss erst geführt werden, nachdem der **direkte** vorangegangen war, aber die gegnerischen Ansichten noch nicht aller Geltung beraubt hatte.

Dieser — für sich allein freilich unsichere und subjective — Grund, den Theaitetos in eine spätere Zeit zu setzen, als die in dieser Frage einstimmige Schleiermachersche und Hermannsche Schule gethan haben, erhält Bestätigung durch die enge Verbindung des Dialogs mit dem Sophistes, in Folge deren die für den letzteren geltende Zeitbestimmung auch für die Stellung des ersteren massgebend ist. Denn diese beiden Dialoge, von welchen der zweite durch seinen Anfang, wie durch den Schluss des Theaitetos als dessen Fortsetzung ausdrücklich bezeichnet ist, aus inneren Gründen von einander zu reissen durch Dazwischenschiebung mehrerer (Schleiermacher) oder wenigstens eines anderen Dialoges (Steinhart, Susemihl), das heisst den Philosophen verbessern wollen nach vorgefassten Ansichten, während im Gegentheil diese vorgefasste Meinung, wie er seine Dialoge habe auf einander folgen lassen müssen, eben deswegen als unrichtig aufzugeben gewesen wäre, weil Platons eigene Erklärung damit nicht stimmt. Was hätte Platon bewegen können, nicht die wirkliche Fortsetzung des Theaitetos als solche zu bezeichnen, sondern den Faden fallen zu lassen und ihn erst in einer späteren Schrift wieder aufzunehmen, ohne irgend eine Andeutung, dass er zerrissen sei? Ein solches absichtliches Irreführen des Lesers scheint mir undenkbar. Ist nun aber dem Sophistes die Stellung zum Theaitetos zu lassen, welche ihm der Verfasser selbst gegeben hat, so wird alles darauf ankommen zu ermitteln, welche Stellung der Sophistes in der Reihe der übrigen Schriften einnehme, ob er wirklich, wie die meisten wollen, zwischen die erste und letzte Periode der schriftstellerischen Thätigkeit Platons zu stellen sei oder ob sein Inhalt ihm eine spätere Zeit zuweise. Dass hier der Massstab, welchen wir oben als den in unserer Frage vor allen anderen in Betracht kommenden bezeichneten — Die Ideenlehre und die Form, in welcher sie erscheint —, in viel ergiebigerer Weise in Anwendung gebracht werden kann, als beim Theaitetos, ist klar. Denn der Theaitetos beschäftigt sich ex professo nur mit der

Sinnenwelt und dem in ihm verharrenden gewöhnlichen Bewusstsein, ein Gebiet, über welches das Urtheil Platon's vom Anfang bis zum Ende seiner philosophischen Entwicklung festgestanden hat, wenn es auch nicht gleich im Anfang in so principieller Weise begründet und nach allen Seiten hin durchgeführt wird, wie hier; auf das Reich der Ideen fallen nur gelegentliche Seitenblicke, die uns zwar das mit Sicherheit zeigen, dass dies neue Gebiet bereits entdeckt war, aber nicht erkennen lassen, wie weit es schon durchforscht und in Besitz genommen war. Der Kern des Sophistes dagegen liegt in dem Nachweise, dass im Gegensatze zu den früheren philosophischen Principien das einzige widerspruchslose Princip die unter einander in Gemeinschaft stehenden Ideen seien; hier wird zu erkennen sein, ob die Form, in welcher die Ideenlehre auftritt, eine frühe oder eine späte Stufe in der Ausbildung dieser Lehre darstelle.

Dass dies Letztere der Fall ist, scheint mir schon aus der Aufgabe hervorzugehen, welche der philosophische Kern des Sophistes sich gesetzt hat, eine Aufgabe, welche sich zu stellen die ursprüngliche Anlage des Systems keine Veranlassung bot, welche vielmehr zu derselben in Widerspruch tritt. Von dem Schlusse, welcher zur Ideenlehre geführt hatte, dass es nämlich vom Veränderlichen kein Wissen gebe und es also, da die Möglichkeit des Wissens doch nicht zu leugnen sei, unveränderliche Wesen geben müsse, von diesem Schlusse konnte kein Antrieb ausgehen, die gegenseitigen Verhältnisse der Ideen zu untersuchen; sondern darum allein musste es sich zunächst handeln von diesem nun endlich gefundenen Gegenstande des Erkennens, dem objectiven Correlate des Begriffes, zu zeigen, dass er auch wirklich den Anforderungen genüge, welche Platon glaubte nach der Natur des Erkennens an ihn stellen zu müssen. Wodurch die Ideen den Sinnendingen entgegengesetzt sind, ihre Einfachheit, Widerspruchslosigkeit, völlige Unabhängigkeit, das war zu betonen; und dies geschieht ja auch im Symposion, im Phaidon, im Staat in den stärksten Ausdrücken. Jede Idee — so muss nach der ursprünglichen Anlage des Systems geschlossen werden — ist als Seiendes das, was sie ist, an sich und unabhängig von den übrigen. Die Gemeinschaft der Begriffe, von welcher der Sophistes handelt, konnte erst von der Erwägung aus aufgestellt werden, dass, wenn jede Idee nur durch den ihr zugehörigen Begriff erkennbar wäre, es nur identische Urtheile geben könnte, mithin alle Sprache und Erkenntniss, welche erst durch eine Verbindung der Begriffe zu Stande kommt, aufgehoben sein würde. Doch die Nothwendigkeit, zur Hebung dieser Verlegenheit nachzuweisen, dass die Ideen, abgesehen von einigen, die sich allerdings völlig ausschliessen und auf keine Weise verbinden, in mannigfache Gemeinschaft treten, sich zum Theil sogar voraussetzen und gegenseitig ergänzen, wie das im Sophistes p. 254 an den Ideen des Seins, der Ruhe, der Bewegung, des Einerlei und des Verschiedenen exemplificirt wird, diese Nothwendigkeit gefährdet zugleich die Absolutheit der Ideen, an welcher anfänglich alles gelegen hatte, um deren willen eben die Sinnenwelt verlassen und zu den Ideen aufgestiegen war. Unmöglich aber kann dieser für die innere Consequenz der Ideenlehre so bedenkliche Schritt schon bei dem Beginne ihrer Ausbildung gethan sein; den Motiven, welche in der ersten Periode der sich im Geiste der Verfassers entwickelnden oder dem Leser zu entwickelnden — beides kommt in dieser Beziehung auf eins hinaus — Ideenlehre die treibenden sein mussten, lag dieser Schritt fern. So ergiebt sich, dass diejenigen Dialoge, in welchen die Ideenlehre in jener der Natur der Sache nach ersten Form erscheint, nach welcher die Ideen im Gegensatze zu dem bedingten und relativen Sein die in jeder Hinsicht unbedingten Realitäten sind, früher geschrieben sein müssen, als der Sophistes. Dass aber jene erste Form im Symposion, im Phaidon, im Staate vorliegt, ist schon oben gezeigt worden.

Noch augenfälliger aber wird es, dass im Sophistes eine neue und spätere Wendung der Ideenlehre vorliege, wenn wir beachten, dass Platon in ihm einen Begriff den Ideen beizulegen sich genöthigt sieht, welchen er in den sogenannten constructiven Dialogen mit der grössten Entschiedenheit ihnen abspricht: den Begriff der Bewegung. Im Gegensatze gegen die εἰδῶν φίλοι, welche dem wahrhaft Seienden das „sich immer auf gleiche Weise verhalten" (κατὰ ταὐτὰ ὡσαύτως ἔχειν) zusprechen zu müssen glauben, wird nachgewiesen, dass, da von den Ideen ein Erkanntwerden prädicirt werden müsse, ihnen auch ein Leiden, folglich ein Bewegtwerden zukomme (p. 248). Nun aber wird in den constructiven Dialogen das ὡσαύτως κατὰ ταὐτὰ ἔχειν gerade als unterscheidendes Merkmal der Ideen gegenüber den Erscheinungsdingen angegeben (z. B. Phaed. 78 D), wie das denn auch den Motiven, durch welche Platon zur Ideenlehre geführt wurde, durchaus angemessen ist. Wie sind diese scheinbar direct sich widersprechenden Aussagen desselben Schriftstellers erklärlich, wenn nicht jene im Sophistes vorliegende einer **spätern** Entwicklung der Ideenlehre angehört, als diese zuletzt erwähnte? Zwar das ist Hayduk (Ueber die Echtheit des Sophistes und Politikos; Greifsw. G - Pr, 1864) zuzugeben, dass der Widerspruch zwischen beiden Anschauungen nicht ein so crasser ist, wie es auf den ersten Blick scheint, und wie Ueberweg und Saarschmidt ihn dargestellt haben. Wenn auch The. 181 C, D die ἀλλοίωσις und die περιφορά als die einzigen Arten der Bewegung namhaft gemacht und beide den Ideen abgesprochen werden (Phaed. 78 D. Tim. 52 A), so schliesst das doch nicht aus, dass Platon noch eine andere Art der Bewegung gekannt habe, welche er den Ideen beilegen konnte, ohne mit seinen eignen Aussagen in directen Widerspruch zu gerahten. Und diese Vermuthung wird durch Leg. p. 893 ff. bestätigt, wo der Bewegung durch anderes die Selbstbewegung entgegengestellt und als das Wesen der Seele im Unterschiede von der Körperwelt constituirend bezeichnet wird. Da diese Seelenbewegung der von der Körperwelt geltenden Bewegung durch anderes, deren verschiedene Unterarten sich auf die im Theaitetos allein genannten beiden Arten der ἀλλοίωσις und περιφορά zurückführen zu lassen, als ganz neuer Artbegriff entgegengestellt wird, so ist der Schluss berechtigt, dass die ἀλλοίωσις und die περιφορά den Begriff der Bewegung eben nur in so weit erschöpfen, als er sich auf die Körperwelt bezieht, aber die geistige Bewegung darunter gar nicht begriffen sei. Dass diese ganz ausser Acht gelassen ist, erklärt sich aus der überwiegenden Bedeutung, welche die körperliche Bewegung als unterscheidendes Merkmal des Gebietes des Werdens im Gegensatze zu dem Reiche des Seins für Platon haben musste; überdies war im Theaitetos, wo die Untersuchung sich ganz auf dem sinnlichen Gebiete bewegt, gar keine Veranlassung, der geistigen Bewegung Erwähnung zu thun. Aber wenn so auch Platon von einem offenbaren Selbstwiderspruche gerettet wird, wenn es auch wahr ist, dass die Aufstellung der Ideen des Lebens (Phaed. 106 D) und der Erkenntniss (Phaedr. 247 D, Reip. 504) es ihm nahe legen musste, die Ideen nicht als schlechthin unbeweglich zu fassen: das bleibt dennoch durch diese Zugeständnisse unerschüttert, dass die ausdrückliche Anerkennung und Betonung dieses Momentes die späteste Form der Ideenlehre darstelle, und dass Platon in den constructiven Dialogen nicht in der Weise, wie er es gethan, schlechthin alle Bewegungen von den Ideen auszuschliessen sich bemüht haben würde, wenn schon damals die Nothwendigkeit in sein Bewusstsein getreten wäre, in gewissen Sinne auch ihnen eine κίνησις beizulegen. Dass ἀεὶ ὡσαύτως κατὰ ταὐτὰ ἔχειν kann er nicht auf derselben Entwicklungsstufe den Ideen ab- und zugesprochen haben; er würde sich in den constructiven Dialogen wenigstens eines andern Ausdruckes zur Bezeichnung der unterscheidenden Eigenthümlichkeit der Ideen bedient haben, wenn er schon damals erkannt und im Sophistes ausgesprochen hätte, dass es falsch sei, eben dies ἀεὶ ὡσαύτως κατὰ ταὐτὰ ἔχειν von den Ideen im Sinne der Ausschliessung aller Bewegung auszusagen. Ist es auch nur ein verschiedener Gesichtspunkt, von welchem aus Platon das in den constructiven Dialogen den Ideen abgesprochene Prädicat im Sophistes ihnen zuspricht, so ist es doch eben ein später hervortretender Gesichtspunkt, durch die erste Anlage des Systems nicht veranlasst und für die innere Sicherheit desselben nicht weniger bedenklich, als die Lehre von der κοινωνία τῶν εἰδῶν. Dass es nicht dieselbe Anschauung involvire, wenn Platon im Phaidon (100 B), wo es sich um den Wechsel der Zustände der Erscheinungsdinge handelt, von einem προσιέναι der einen und einem φεύγειν καὶ ὑπεκχωρεῖν der andern Idee spricht, hat Deuschle gezeigt; diese Ausdrücke sind nicht buchstäblich zu verstehen, die Vorgänge der Kausalität, durch welche die Veränderungen und die begrifflichen Verhältnisse der Dinge herbeigeführt werden, sind auf die Erscheinungsdinge zu beschränken, die scheinbaren Bewegungen der Ideen zu und von den Dingen sind auf Bewegungen der Dinge zu und von den Ideen zu reduciren. Finden sich also in den sogenannten constructiven Dialogen keine Analogieen zu der im Sophistes den Ideen beigelegten Bewegung, so bleibt das Resultat unserer Betrachtung, dass dieser letztere eine spätere Stufe der Ideenlehre repräsentire, unerschüttert, mag man auch immerhin glauben, den Philosophen von dem Vorwurfe des Selbstwiderspruches reinigen zu können. — Und dies Resultat gewinnt noch an Sicherheit durch die Gegner, welchen gegenüber Platon im Sophistes die Unmöglichkeit nachweist, den Ideen die Bewegung schlechthin abzusprechen. Es sind die εἰδῶν φίλοι. An wen haben wir dei dieser Bezeichnung zu denken? Dass es nicht vereinzelte Meinungen sind, welche Platon bekämpft, sondern eine damals vorhandene philosophische Schule, erhellt schon daraus, dass die εἰδῶν φίλοι und die Materialisten sich gegenüber gestellt werden als zwei geschlossene Parteien, „zwischen denen es jedesmal zu einem gewaltigen Kampfe komme, so oft die betreffende Frage zur Sprache gebracht werde" (246 C). Schleiermacher hat an die Megariker denken zu müssen geglaubt, und die Meisten sind ihm darin nachgefolgt. Da vor Sokrates — so schliesst man — keine Begriffsphilosophie vorhanden gewesen sei, die εἰδῶν φίλοι aber als solche bezeichnet würden, welche allein die unkörperlichen Begriffe für das wahrhaft Seiende halten, so könne nur an eine der Sokratischen Schulen gedacht werden; unter diesen aber sei wiederum keine, welcher die im Sophistes den εἰδῶν φίλοι zugeschriebenen Ansicht mit einiger Wahrscheinlichkeit beigelegt werden könne, als die Megarische (Zeller a. a. O. II S, 180). Doch auch diese können nach dem, was uns über sie überliefert ist, die im Sophistes den εἰδῶν πίλοι zugeschriebenen Ansichten nicht gehabt haben. Schon vom Eukleides wird uns berichtet (Diog. L. II, 106), er habe geleugnet, dass das, was nicht gut sei, überhaupt sei; schon auf ihn also haben wir zu beziehen, was uns als das Wesentliche der Megarischen Schule bezeichnet wird, dass sie nämlich durch Verbindung des Eleatischen Eins, welches sie als das Gute fasste, mit der Sokratischen Begriffslehre dazu getrieben wurde, nur das Gute als real anzusehen, alle andern Begriffe aber neben dem Guten als blosse Namen desselben zu betrachten und ihre Realität zu leugnen. Die Unterscheidung einer ältern und einer jüngeren Megarischen Schule, von denen die erstere noch eine Mehrheit realer Substanzen anerkannt habe, ist mithin nicht blos ohne allen historischen Beleg, sondern w i d e r die geschichtlichen Nachrichten. Ist es aber so, dann kann an die Megariker bei den εἰδῶν φίλοι, mit welchen es der Sophistes zu thun hat, nicht gedacht werden; denn dies erkennen eine Mehrheit denkbarer, unkörperlicher Ideen (νοητὰ ἄττα καὶ ἀσώματα εἴδη 246 B) als das wahre Sein an, sind also von dem Nominalismus der Megariker in Hinsicht aller übrigen Begriffe, ausser einem, sehr fern. Wie ist es ferner möglich, an die Megariker zu denken angesichts der Thatsache, dass das Sein der εἰδῶν φίλοι, die νοητὰ καὶ ἀσώματα εἴδη, eben das ist, in dessen Annahme auch Platon die Wahrheit erkennt, nur dass er es mit dem von jenen geleugneten Prädicate der (Selbst-) Bewegung, die schon mit der ihm innewohnenden Vernunft, gegeben ist (248 E), bereichert? Er verwirft das ὄν der εἰδῶν φίλοι keineswegs, wie das der Eleaten, der Dualisten, der Materialisten; ihre Bestimmungen darüber — mit Ausnahme des ἀεὶ κατὰ ταὐτὰ ὡσαύτως ἔχειν — erkennt er als völlig richtig an. Wären mithin die Megariker die Vertreter der den εἰδῶν φίλοι zugeschriebenen Ansichten, so wären hinfort sie, nicht Platon, als die Entdecker der Ideen anzusehen; Platon hätte von ihnen das Princip seiner Philosophie erborgt; was er selbst dabei gethan, wäre nur die Bereicherung dieses Principes mit einer für die Consequenz des Systems ziemlich bedenklichen Bestimmung. Wenn aber das, Niemand wird behaupten wollen, so giebt es nur eine Antwort auf die Frage, wem die von den εἰδῶν φίλοι im Sophistes vertretenen Ansichten zuzuschreiben seien, nämlich die: Platon' selbst, aber Platon' in einer früheren Periode seiner philosophischen Entwicklung. Die εἰδῶν φίλοι sind demnach diejenigen Schüler Platons, welche die frühere Form der Ideenlehre festgehalten haben, während der Meister die Nothwendigkeit einer Fortbildung derselben eingesehen und in seinen Vorträgen entwickelt hatte. Ist aber das richtig, so erhellt, dass der Sophistes nicht in eine so frühe Zeit gesetzt werden kann, als die Meisten bisher gethan haben, sondern dass er im Gegentheil eine der spätesten Schriften Platon's sein müsse. Es musste schon geraume Zeit verstrichen sein, seit Platon eine eigne Schule gegründet hatte, seine Ideenlehre in ihrer ersten Gestalt, nach welcher auf die Unbeweglichkeit der Ideen im Gegensatze zu der stets fliessenden Sinnenwelt aller Nachdruck fiel, musste schon bei seinen Anhängern sehr festen Fuss gefasst haben, ehe die Einen sich weigern konnten, dem Meister in der Fortbildung derselben zu folgen, die Andern trotz dieser dem Anfange scheinbar widersprechenden Fortbildung ihr dennoch treu bleiben konnten. In den ersten Zeiten der neugegründeten Schule ist ein solcher Zwiespalt nicht denkbar; die Geltendmachung eines so bedeutsamen neuen Momentes von Seiten des Meisters würde entweder die **ganze Schule gesprengt**, oder die **ganze Schule nach sich gezogen** haben. So sind wir denn zu dem Schlusse berechtigt, dass die von den εἰδῶν φίλοι vertretene Form der Ideenlehre eben die ist, welche in den sogenannten constructiven Dialogen vorliegt — und ich vermag nichts aufzufinden, wodurch sie mit dieser im Gegensatz tritt —, dass also der Sophistes **später geschrieben** ist, als jene Dialoge.

Der Politikos, der durch die in ihm angewandte Methode, durch fortgesetzte Eintheilungen den Begriff des wahren Staatsmannes zu finden, dem Sophistes ähnlich ist, kann auch nach C. F. Hermann's Urtheil (a. a. O. S. 622. Anm. 505) „nicht, — wie es häufig geschieht — als jugendliche Vorarbeit zum Staate betrachtet werden, sondern ist hinsichtlich seines Standpunktes vielmehr mit den Gesetzen zu vergleichen". Und das darum, weil es sich hier nicht mehr, wie im Staate, darum handelt, einen der Idee des Staates so nahe wie möglich kommenden Staat zu construiren mit Hinwegschaffung aller diesem Ziele im Wege stehenden Institutionen der jetzigen Staaten, sondern nur noch, wie in den Gesetzen, darum, die wirklichen Staaten jenem in dem „Staate" construirten besten Staate so weit zu nähern, als es unter den einmal bestehenden Verhältnissen möglich ist. Nur das wird als erreichbares Ziel hingestellt, dass der ἀνὴρ πολικός, der die seinem Begriffe entsprechende Wissenschaft und Kenntniss Besitzende, einen seinem Wissen gemässen Einfluss auf die Lenkung des Staates gewinne; ob im Uebrigen die Verfassungsform eine monarchische oder eine aristokratische oder eine demokratische sei, das wird als bedeutungslos oder doch nur als insofern in Betracht kommend dargestellt, als es bei der einen Verfassungsform mehr, bei der anderen weniger leicht möglich ist, dass der ἀνὴρ πολιτικός den nöthigen Einfluss gewinne. Von den factischen Staatsleitern wird der wahre Staatsmann hier schon abweichend von der Darstellung des „Staates" getrennt, wie in den „Gesetzen", wo, um den Staat glücklich zu machen, nur verlangt wird, dass neben dem Herrscher ein tüchtiger Gesetzgeber stehe. Auch darin zeigt sich im Politikos eine grössere Anbequemung an die factisch vorliegenden Verhältnisse als im „Staate," dass in jenem anerkannt wird, wenn einem Staate der wahre Staatskünstler fehle, so sei es nothwendig, den einmal bestehenden Gesetzen zu gehorchen, da sie von Vielen abgefasst und durch die Erfahrung bewährt noch immer die meiste Garantie böten, den Geist der wahren Staatsweisheit in irgend einem Grade in sich zu tragen (p. 300). Der ἀνὴρ πολιτικός zwar — und in dieser Bestimmung zeigt sich, dass Platon im Politikos nicht etwa erst anfängt, seine reformatorischen Gedanken auszubauen — der ἀνὴρ πολιτικός ist an die Gesetze in keiner Weise gebunden; allein seine Einsicht ist für ihn das Massgebende, so sehr, dass er nöthigenfalls mit Gewalt seine nach wahrer Einsicht und Gerechtigkeit gefassten Pläne durchzusetzen kein Bedenken tragen darf.

Ausser diesem Standpuncte des Politikos, durch welchen diese Schrift veranlasst, sie der nach glaubwürdiger Ueberlieferung letzten Schrift Platon's, den „Gesetzen," nahe zurücken, kommen für unsern Zweck einige Gedanken in dem Mythus des Politikos (269 ff) in Betracht, welche, weil sie nur in den spätern Dialogen Analoga haben, uns zeigen, dass zur Zeit der Abfassung des Politikos der Einfluss der Ideenlehre sich schon auf Punkte erstreckt hatte, die erst auf einer späten Stufe der Ausbildung dieser Lehre in Erwägung gezogen sind und der Natur der Sache nach gezogen werden konnten. Es wird nämlich im Politikos dasjenige namhaft gemacht, welches der Grund der Unvollkommenheit der Sinnendinge ist, das der Idee gerade Entgegengesetzte, wovon ausserdem nur im Philebos und Timaios die Rede ist, in jenem unter dem Namen des ἄπειρον, der ἀπειρία, in diesem unter dem des alles umfassenden Raumes (χώρα 32 A). Mit einem Ausdrucke aber, welcher an beide erinnert, heisst es im Politikos (273 D), dass die Welt, wenn Gott sie nicht wieder zurecht brächte, in der Unähnlichkeit grenzenlosen Raum (εἰς τὸν τῆς ἀνομοιότητος ἄπειρον ὄντα τόπον) versinken würde. Nicht minder erinnert an die späteren Dialoge die im Politikos sich findende Lehre von der Weltseele, von welcher freilich schon der Phaidros Andeutungen enthält, aber doch noch unbestimmte und schwankende, sodass in ihm die Weltseele (πᾶσα ψυχή 246 B) zugleich als die Gesammtheit der einzelnen Seelen in sich schliessend gedacht wird. Der Politikos dagegen nennt die Welt selbst ein ζῶον, „welchem Vernunft zugetheilt ist von dem, der es ursprünglich zusammenfügte" (269 C); sie bewegt sich, wenn Gott sich zurückzieht, selbst, geräth aber, je mehr Vergesslichkeit sich bei ihr einschleicht, desto mehr in Verwirrung. Ueber die hier hervortretende Lehre von der Weltseele giebt der Timaios ausführlich Auskunft (30; 34 ff); auch die Gesetze enthalten sie (lib. X). Auch das Bedürfniss, aus welchem in diesen zuletzt genannten Dialogen die Annahme der Weltseele hervorgeht, ist dem entsprechend, welches im Politikos den Philosophen bewegt, die Welt als beseelt zu betrachten. Die Weltseele soll dazu helfen, den Dualismus zwischen Idee und Erscheinung zu überwinden; sie ist das Mittelglied, welches beide verknüpft, gemischt aus der οὐσία ἀμέριστος, dem Idealen, und der οὐσία μεριστή, dem Körperlichen. (Tim. 35. A.) Im Politikos aber erscheint darum die Welt als beseelt, damit, „wenn sie nicht immer ganz von Gott gedreht zu werden braucht" (269 E), erklärlich werde, wie die Welt aus dem seligen Zustande unter der Herrschaft des Kronos in die jetzige Beschaffenheit gekommen sei d. h. wie es von der Idealwelt überhaupt zur Sinnenwelt, in welcher jene nur getrübt sich darstellt, kommen könne.

In gleicher Linie mit diesen zuletzt geltend gemachten Zeichen für eine späte Abfassung des Politikos stehn einzelne Anschauungen im Theaitetos selbst, die freilich für sich allein nichts beweisen, aber doch dann nicht ohne Gewicht sind, wenn durch andere Gründe die Abfassung unseres Dialogs in der letzten Periode der schriftstellerischen Thätigkeit Platons schon wahrscheinlich geworden ist. Lässt sich von den in Rede stehenden Anschauungen auch nicht behaupten, Platon k ö n n e sie in der ersten Periode seines selbstständigen Philosophirens nicht gehabt haben, so berechtigt uns doch der Umstand, dass sich nur in den späteren, nicht in den früheren Dialogen Parallelen dazu finden, zu dem Schlusse, dass Platon erst in späterer Zeit in diesen Gedankenkreis gekommen sei. Ich rechne dahin die Beschreibung Gottes als des in keiner Beziehung Ungerechten (176 C), welche an den im „Staate (lib. II, 378 ff.) geführten Kampf gegen die bei den epischen Dichtern sich findenden unwürdigen Vorstellungen von Gott erinnert, denen gegenüber Sokrates Gott fassen lehrt als den absolut Guten, der an keinem Bösen Schuld sei. Damit sind ähnlich lautende Stellen des Timaios zu vergleichen, so 29 D, wonach Gott, der Gute, wollte, dass alles gut und $\varkappa\alpha\tau\grave{\alpha}$ $\delta\acute{v}\nu\alpha\mu\iota\nu$ nichts schlecht würde; besonders aber sprechen die Gesetze in zahlreichen Stellen diese über die Volksreligion weit erhabenen Ansichten über die Gottheit aus. Die häufige und nachdrückliche Hervorhebung dieses Gedankens in den angeführten Schriften legt den Schluss nahe, dass Platon dazu erst durch Aufsteigen zu der Idee, in welcher seine Ideenlehre ihren Abschluss findet, gekommen sei, nämlich der Idee des Guten, mit welcher als dem letzten Grunde des Seins Gott zusammenfallen muss, wenn auch Platon oft in populärer Weise sich so ausdrückt, als glaube er an die Existenz eines von dieser Idee verschiedenen Einzelwesens. Doch wie es sich auch mit diesem letzten bestrittenen Puncte verhalten mag: aus der Anwendung der Idee des Guten erst scheint jene Reinigung des Volksglaubens und jene erhabene Gotteslehre für Platon sich ergeben zu haben, welche wir, wie im Theaitetos, so im Staate, im Timaios, in den Gesetzen finden. Aehnlich verhält es sich mit dem Satze des Theaitetos, dass „das Böse nicht ausgerottet werden könne, es müsse immer Etwas dem Guten Entgegengesetztes geben" (176 A). Fragen wir nach dem Grunde dieser Unvergänglichkeit des Bösen in der stofflichen Natur, so antworten uns erst die späteren Schriften, dass er eben in dem liege, was die Sinnenwelt von der Welt des wahren Seins unterscheide. Es ist das Körperliche in ihrer

Mischung, „welches, mit grosser Unordnung behaftet, es zu der jetzigen Weltordnung gebracht hat," und wegen dessen der Timaios die Welt nicht von der Vernunft allein, sondern auch von der Nothwendigkeit hervorgerufen sein lässt (48 A). — Noch mehr Gewicht ist auf die Schilderung das wahren Weisen im Theaitetos zu legen, da der ganze Ton, in welchem diese Schilderung gehalten ist, zu der sogenannten megarischen Periode, in welche man den Theaitetos gewöhnlich setzt, nicht passen will. Freilich hat man im Gegentheil gerade hier Anschauungen finden wollen, über welche Platon in anderen, also späteren Schriften hinaus gegangen sei. Susemihl macht im Anschluss an C. F. Hermann (a. a. O. S. 537) geltend, dass die im „Staate" hervortretende strenge Abhängigkeit des sittlichen Lebens vom staatlichen im Theaitetos noch nicht erreicht sei; während dort den Philosophen zur Pflicht gemacht werde, an der Verwaltung des Staates Theil zu nehmen, werde es hier als das Richtige für sie angesehen, sich ganz von derselben zurückzuziehen, nur mit ihrem Körper im Staate zu leben, während „die Seele das alles für gering und nichtig achtend überall umherschweift" (173 E). Doch den nahe liegenden Einwand, in der Republik sei eben von dem besten Staate die Rede, im Theaitetos von dem empirisch gegebenen, hat Susemihl in keiner Weise beantwortet; dieser Umstand erklärt die in Rede stehende Differenz zwischen beiden Schriften in der That vollkommen. Im Theaitetos war gar kein Grund hervorzuheben, dass in einem nach der Idee des Staates eingerichteten Staate das Verhältniss des Philosophen zu dem Staate ein ganz anderes sei; vielmehr schloss die Absicht, durch scharfe Gegenüberstellung der beiden Gebiete des gewöhnlichen Bewusstseins und des Wissens darzuthun, dass, so lange die Untersuchung sich auf dem ersteren bewege, das Wesen der ἐπιστήμη nicht gefunden werden könne, diese Absicht, meine ich, schloss jede Vermittlung aus. In dem gewöhnlichen Staate aber schreibt auch die „Republik" dem Philosolchen ganz dieselbe Lebensweise vor, wie der Theaitetos, nur mit noch schärferen Worten. Es ist mit dem Philosophen — so schildert Reip. II, 496 sein Loos in den empirisch gegebenen Staaten — wie wenn einer unter die wilden Thiere gefallen ist; will er nicht selbst mit Unrecht thun und doch sich mit Staatsangelegenheiten befassen, so wird er nutzlos zu Grunde gehen, ehe er irgend etwas hat ausrichten können; darum wird er sich ruhig verhalten und froh sein, wenn er nur selbst, während er andere voll Frevel sieht, sein Leben frei von Ungerechtigkeit hinbringen kann. Uebrigens ist doch auch in dem besten Staate die Abhängigkeit des sittlichen Lebens von dem staatlichen nicht so streng, wie Susemihl glauben machen möchte; auch in der Republik ist es für die, welche nach langer Vorbereitung zum Anschauen der Idee des Guten geführt sind, nur eine bittere Nothwendigkeit, eine Zeit lang dem Staate zu Liebe die Regierung übernehmen zu müssen (VII, 540). Nicht auf noch nicht gereifte Anschauungen des Philosophen weist also die Schilderung des Weisen im Theaitetos; sie weist vielmehr auf eine späte Zeit der schriftstellerischen Thätigkeit des Verfassers. Denn diese Schilderung unterscheidet sich sehr wesentlich von der im Gorgias, auf welche oben als auf eine Parallele mit der unsrigen aufmerksam gemacht ist. Die Schilderung des Weisen im Gorgias enthält keinen Zug, der nicht auf den eben hingerichteten Sokrates passt; nur dadurch, dass allein das klar erkannte Gute die Norm seines Handelns ist, unterscheidet er sich von der Menge. Die Seele des im Theaitetos geschilderten Weisen aber „misst alles, was auf der Erde und was in ihrer Tiefe ist, vertheilt am Himmel die Sterne und erforscht überall die Natur alles dessen, was ist, im Ganzen, zu nichts von dem, was in der Nähe ist, sich herablassend," eine Beschreibung, welche weder auf den aller Naturforschung abholden Sokrates passt, noch in oder bald nach der Zeit des Aufenthaltes in Megara in Platons Munde wahrscheinlich ist; erst bei dem Platon, welcher im Timaios das Bild des Weltalls entwarf, ist diese Schilderung nicht mehr auffallend. Ebenso wenig würde der noch im Banne Sokratischer Einseitigkeit (vgl. Memorab. IV, 76,) stehende Platon einer Anerkennung des Thales fähig gewesen sein, wie sie sich hier findet. (174 A).

Aber gegen die Stellung, welche wir bis jetzt dem Theaitetos windicirt haben, nämlich nicht v o r dem in den constructiven Dialogen geschehenen Ausbau der Ideenlehre, sondern n a c h demselben, ja wegen seiner engen Verbindung mit dem Sophistes und dem Politikos sogar nach dem Timaios, gegen diese Stellung erhebt man auf Grund der in der Einleitung sich findenden historischen Spuren Einspruch. Bei dem 142 A erwähnten Kampfe bei Corinth denkt man an die im Jahre 394 zwischen den verbündeten Thebanern, Athenern, Corinthiern und Argivern einerseits und den Spartanern andrerseits gelieferte Schlacht (am Nemeabache) und glaubt demgemäss die Abfassung unseres Dialoges der „den Eindruck mache, als beziehe er sich auf erst vor kurzer Zeit vorgefallene Ereignisse" (Zeller, Steinhart), spätestens in das Jahr 393 setzen zu müssen. Aber zunächst ist doch die Berufung darauf, dass unser Dialog den Eindruck mache, bald nach der historischen Situation, in welche der Schriftsteller das Gespräch zwischen Eukleides und Terpsion setzt, geschrieben zu sein, diese Berufung ist doch ein Argument von allzu subjectiver Natur, als dass darauf die Nothwendigkeit gegründet werden könnte, die in der Vorrede geschilderte historische Situation und die Abfassungszeit des Dialogs einander ganz nahe zurücken; dass Platon den Theaitetos geraume Zeit nachher nicht habe eben so warm und liebevoll schildern können — denn aus der Art dieser Schilderung argumentirt Steinhart — wird man nicht behaupten wollen. Dass ferner die Einkleidung des Gespräches die Bedeutung einer Widmung desselben an Eukleides zum Dank für die gastliche Aufnahme, welche Platon nach dem Tode des Sokrates bei ihm gefunden, habe und daher das Gespräch bald nach dieser Zeit geschrieben sein müsse, lässt sich auch nicht beweisen. Platon konnte, durch die während jenes Aufenthaltes in Megara mit Eukleides geführten erkenntnisstheoretischen Gespräche bewogen, auch lange nachher, als er veranlasst war, die Principien seiner Dialektik gegen gegnerische Angriffe zu vertheidigen, dem Eukleides diese Anerkennung zollen. Dass aber in der That unser Dialog geraume Zeit n a c h dem korinthischen Kriege geschrieben ist, dafür machen Munk (die natürliche Ordnung der Platonischen Schriften, Berlin 1857) und Ueberweg (Untersuchungen über die Echtheit und Zeitfolge Platonischer Schriften, und über die Hauptmomente aus Platons Leben, Wien 1861) mit Recht geltend, dass Theaitetos, als unser Dialog geschrieben wurde, schon durch seine von Proklus und Suidas bezeugten mathematischen Untersuchungen einen bedeutenden Ruf erworben haben musste. Denn das Lob, welches ihm gespendet wird, kann sich nicht bloss auf die in dem Kampfe bewährte Tapferkeit beziehen; noch ehe von dieser die Rede gewesen, wird jenes Lob ausgesprochen, und die Weissagung des Sokrates über Theaitetos kann nicht als durch seine T a p f e r k e i t in Erfüllung gegangen (142 C) bezeichnet werden. Wenn nun aber Theaitetos nach 143 E, 144 C im Todesjahre des Sokrates noch ein μειράκιον war, so kann er nicht wohl schon im Jahre 394 die Weissagung des Sokrates durch seine wissenschaftlichen Leistungen erfüllt haben. Soll man also wirklich nach Platons Absicht das Gespräch zwischen Eukleides und Terpsion bald nach der Schlacht bei Corinth im Jahre 394 sich gehalten denken, so muss doch die A b f a s s u n g des Dialoges in eine bedeutend spätere Zeit fallen, in eine Zeit, in welcher Theaitetos schon durch seine wissenschaftlichen Leistungen die Hoffnung des Sokrates erfüllt hatte. Man müsste dann annehmen er sei von der Wunde wieder genesen, und das von seinen Leistungen Gesagte sei ein Anachronismus, welchen bei Platon anzunehmen allerdings nichts Bedenkliches hat. Aber Munk und Ueberweg machen darauf aufmerksam, dass keine Nothwendigkeit vorliegt, an den korinthischen Krieg und an die Schlacht im Jahre 394 zu denken; auch 368 kämpften nach Xen. Hellen. VII, 1, 8 und Diod. XV, 68 die Athener bei Corinth, diesmal verbündet mit den Lacedaemoniern gegen die Thebaner. Bezieht sich demnach der Eingang unseres Dialogs auf vor nicht langer Zeit geschehenem Ereignisse, so sind es die des Jahres 368, mag nun der Dialog noch in diesem Jahre, oder erst nach der Rückkehr des Verfassers von seiner zweiten sicilischen Reise (366) geschrieben sein. Die Anknüpfung unseres Gesprächs an die Person des Theaitetos hat wohl darin ihren Grund, dass wirklich zwischen Sokrates und Theaitetos ein — natürlich anders verlaufendes — Gespräch über das Wesen des Wissens stattgefunden hat.

Für diejenigen ferner, welche anerkennen, dass der Dialog Phaidros vor dem Theaitetos verfasst sein müsse, kann es nicht zweifelhaft sein, dass die Abfassung des letzteren nach der megarischen Periode zu setzen ist. Denn dass der Phaidros, über dessen Abfassungszeit freilich am meisten gestritten worden ist, die Gründung der Platonischen Schule voraussetzte, das scheint mir Ueberweg a. a. O. in vollkommen genügender Weise dargethan zu haben; die Aeusserungen über die Bedeutung der Schriftstellerei p. 277 E—278 A, dass sie nämlich nur Werth habe als Erinnerungsmittel an vorangegangene mündliche Untersuchungen, setzen das Bestehen einer Schule voraus. Die Gründung dieser Schule aber vor die grosse Reise Platons nach Aegypten und Italien, oder, falls er von der ersteren wieder nach Athen zurückgekehrt sein sollte, wenigstens vor die letztere zu setzen und anzunehmen, dass Platon die eben gegründete Schule so bald wieder verlassen habe, ist im höchsten Grade unwahrscheinlich. Demnach kann Platon seine Lehrthätigkeit nicht vor 387 begonnen haben; denn seine Rückkehr von der ersten sicilischen Reise etwa in diese Zeit zu setzen, dazu sind wir wie durch das Zeugniss des siebenten der unter Platons Namen erhaltenen Briefe über das Alter, in welchem Platon nach Sicilien gekommen sei, so durch die Erzählung des Diogenes Laertius über die Umstände, unter denen seine Rückkehr erfolgte, genöthigt. Mit der Anerkennung also, dass der Phaidros vor dem Theaitetos geschrieben ist, ergiebt sich auch die Nothwendigkeit, die Abfassung des letzteren, auch wenn man wirklich die Beziehung der im Eingange berührten Ereignisse auf das Jahr 394 festhalten will, in eine bedeutend spätere Zeit zu setzen. Ist aber einmal der Bann des Vorurtheils gebrochen, als binde uns in der Bestimmung der Abfassungszeit unseres Dialoges die Einleitung an das Jahr 394, so wird nicht das geringste Hinderniss aus dem Wege geräumt sein, welches bisher die für eine weit spätere Abfassung des Theaitetos, Sophistes, Politikos sprechenden, in dem Inhalt dieser Dialoge liegenden Gründe nicht recht hat zur Geltung kommen lassen.

Was endlich in den übrigen Dialogen von sicheren Andeutungen über ihre Abfassungszeit enthalten ist, das widerstrebt nicht unserer Ansicht, dass der Theaitetos bald nach 368 und später als die Mehrzahl der sogenannten constructiven Dialoge verfasst sei. Wir denken uns die Reihenfolge der Platonischen Schriften — nur auf die nehmen wir hier Rücksicht, deren Echtheit nicht erheblichen Bedenken unterliegt — im Grossen und Ganzen so. Auf die elementarischen oder rein Sokratischen Schriften der ersten Periode — den kleineren Hippias, den Lysis, Charmides, Laches, Protagoras, Euthyphron, deren Abfassung vor den Tod des Sokrates zu setzen wir um so mehr Grund haben, als die von Diogenes Laertius aufbewahrte bekannte Anecdote über eine Aeusserung des Sokrates hinsichtlich des Lysis die Annahme, dass Platon seine schriftstellerische Thätigkeit schon vor dem Tode des Meisters begonnen habe, bestätigt — auf diese rein Sokratischen und auf die bald nach der Verurtheilung des Sokrates verfassten Gelegenheitsschriften, die Apologie und den Kriton, folgte der Gorgias, der schon ein Hinausgehen über den Sokratischen Standpunkt bezeichnet. Den Grund zur eigenthümlich Platonischen Philosophie sehen wir gelegt in Phaidros, der bald nach der Gründung der Schule c. 387 geschrieben sein muss. Nicht eher aus dem oben angegebenen Grunde, und auch nicht lange nachher, weil er früher geschrieben sein muss, als das „Gastmahl," in welchem derselbe Gegenstand in einer reiferen und strenger philosophischen Art behandelt wird. Im Gastmahl aber findet sich eine Spur, aus welcher sich mit ziemlicher Sicherheit die Abfassungszeit des Dialogs bestimmen lässt; ich meine jenen bekannten Anachronismus p. 193 A, wo Aristophanes die Zerschneidung des Urmenschen mit der im Jahre 385 (od. 384) durch die Lacedämonier vollzogenen Auflösung Mantineias in 4 Flecken vergleicht, eine Anspielung auf ein lange nach der Zeit, in welche wir durch das Gastmahl versetzt werden, geschehenes Ereigniss, welche nur erklärlich ist, wenn dies Ereigniss erst kurz vor der Abfassung des Dialogs eingetreten war. Verwandschaft des Inhaltes und der Form haben die meisten Forscher (Schleiermacher, Hermann, Steinbart, Susemihl, Zeller) bewogen, den Phaidon nicht lange nach dem Gastmahl geschrieben sein zu lassen. Ueberweg a. a. O. erhebt dagegen Einspruch, weil der im Phaidon gegebene metaphysische Beweis von der Unsterblichkeit der Seele auf einer Anschauung beruhe, welche verglichen mit der im Phaidros und Timaios ausgesprochenen als die späteste erscheine Der Phaidon nämlich theile zwar mit dem Timaios im Widerspruche mit dem Phaidros die Ansicht, dass die Seele kein Unbedingtes sei, aber nicht mehr die andere, in welcher der Timaios noch mit dem Phaidros übereinstimme, dass nur das Unbedingte immer dauernd, das Bedingte vergänglich sei; nach dem Phaidon sei vielmehr auch das Bedingte, welches zu der Idee des Lebens in unmittelbarem Verhältnisse stehe, unvergänglich. Während daher im Timaios die Unvergänglichkeit des werthvollsten Theiles der Seele nur als durch den göttlichen Willen gesichert erscheine, werde sie im Phaidon als metaphysische Nothwendigkeit hingestellt. Die Entscheidung dieser Frage ist für die unsrige in sofern nicht ohne Bedeutung, als es bei der Ueberweg'schen Ansicht, dass der Phaidon hinter den Timaios zu stellen sei, schwierig sein würde, den ersteren noch bevor Platon die zweite sicilische Reise antrat, geschrieben zu denken; wenigstens würde in diesem Falle die Erscheinung, dass der mit dem Timaios eng verbundene und unmittelbar auf ihn folgende Kritias ein Fragment geblieben ist, sich nicht mehr daraus erklären lassen, dass die Einladung des Dionysios den Verfasser an der Vollendung gehindert habe. Ist aber der Timaios nicht vor 368 geschrieben, so kann auch der Theaitetos nicht wohl bald nach diesem Jahre verfasst sein, da doch die enge Verbindung des Sophistes mit dem Theaitetos es nicht erlaubt, den Phaidon zwischen diese beiden Dialoge zu setzen, deren letzteren wir aus den oben angegebenen Gründen für später geschrieben halten, als den Phaidon. Indessen hat der Wechsel der Ansichten, auf welchen Ueberweg aufmerksam macht, nicht das Gewicht, dass er uns nöthigte, den Phaidon nach dem Timaios geschrieben zu denken. Im Gegentheil scheint das der natürliche Stufengang zu sein, dass Platon immer mehr alles von dem Sein der Idee abhängig machte und, während er im Phaidros die Seele noch neben der Ideenwelt als ein unabhängiges, durch sich selbst gehaltenes Sein hingestellt hatte, er im Phaidon dazu fortschritt, der Seele zwar aus metaphysischer Nothwendigkeit ewige Dauer zu zuschreiben, aber nur wegen ihres Verhältnisses zu einer Idee, im Timaios endlich auch jene metaphysische Nothwendigkeit leugnete, so dass der Idee allein nun das wahre Sein reservirt bleibt. Dass Platon von der hohen Meinung von der Seele, die sich im Phaidros kund giebt, sollte zu der am meisten von ihr entfernten im Timaios gekommen sein und dann im Phaidon wieder zu einer zwischen der im Phaidros und der im Timaios ausgesprochenen in der Mitte liegenden, erscheint unwahrscheinlich. Dass bei der Reihenfolge: Phaidros — Phaidon — Timaios der im Phaidon geführte Unsterblichkeitsbeweiss im Timaios nicht mehr anerkannt wird, ist freilich richtig; aber in diesem Falle eine ausdrückliche Berichtigung dieses im Phaidon geführten Beweises im Timaios zu erwarten, dazu sind wir nicht berechtigt —. Der Phaidon dient zur Bestimmung der Abfassungszeit des Menon, indem die im Menon erst neu auftretende Lehre von der Wiedervereinigung im Phaidon als erwiesen vorausgesetzt wird; wir werden also den Menon zwischen den Phaidros und das Gastmahl zu setzen haben. Zwischen 380 und 368 sind dann die zu einer Trilogie verbundenen Dialoge: Staat, Timaios und Kritias abgefasst. Die erstgenannte Schrift müssen wir schon darum als vor der zweiten sicilischen Reise vollendet denken, weil die auf den jüngern Dionysios gesetzten Hoffnungen nach mehrfachen Andeutungen bei der Abfassung noch nicht gescheitert waren. Nach der Rückkehr von der zweiten sicilischen Reise schrieb Platon den Kratylos, den Theaitetos, den Sophistes und den Politikos. Auch den Philebos glaube ich (mit Ueberweg) in diese letzte Periode der schriftstellerichen Thätigkeit Platons setzen zu müssen, vor allem darum, weil sich in ihm deutliche Spuren von der nach Aristotelischem Zeugnisse (Met. XIII, 4. cf. Met. I, 6, 987 B.) in später Zeit erfolgten Verflechtung der Ideenlehre mit der Pythagoreischen Zahlenlehre finden, was zu erweisen nicht dieses Ortes ist. Als die letzte Schrift Platon's sind nach Diogenes Laertius III, 37 die Gesetze zu betrachten. Was endlich den Parmenides betrifft, so scheinen mir die gegen seine Echtheit geltend gemachten Gründe so stark und bisher so wenig widerlegt zu sein, dass ich es nicht eher für gestattet halte, ihn wieder als eine Platonische Schrift zu betrachten und zu benutzen, als bis es gelungen ist, diese Gründe zu entkräften.

In dieser angenommenen Reihenfolge der Platonischen Schriften bleibt freilich vieles noch sehr problematisch, und oft sprechen Gründe wider Gründe. Zum Erweise der Richtigkeit dieser Reihenfolge wäre ein genaues Eingehen auf den Inhalt jedes einzelnen Dialogs erforderlich. So lange dies noch nicht geschehen ist, etwa in der Weise, wie es Bonitz bei einigen Dia-

logen gethan hat, so lange bleiben alle S[...], [...]
diesem viel, aber nur zu oft mit nicht vorurtheilsfreiem Blicke
durchforschten Boden thut, ziemlich unsicher. Dass aber von
Steinhart und Susemihl die angegebene Aufgabe gelöst sei, davon kann ich mich nicht überzeugen. So hoch auch die geistige Kraft zu achten sein mag, welche sie an die Erklärung
unseres Philosophen gesetzt haben: die Entdeckung des wirklichen Inhaltes der Platonischen Schriften ist vielleicht durch